民國歷史與文化研究

初 編

第 11 冊

轉型時代知識分子的立國訴求
——張君勱社會主義思想研究（上）

王尤清 著

花木蘭文化出版社

國家圖書館出版品預行編目資料

轉型時代知識分子的立國訴求——張君勱社會主義思想研究（上）／王尤清 著 -- 初版 -- 新北市：花木蘭文化出版社，2015〔民104〕

目 4+146 面；19×26 公分

（民國歷史與文化研究 初編：第 11 冊）

ISBN 978-986-404-147-3（精裝）

1. 張君勱 2. 學術思想 3. 社會主義

628.08   103027662

ISBN-978-986-404-147-3

9 789864 041473

民國歷史與文化研究
初 編 第十一冊   ISBN：978-986-404-147-3

轉型時代知識分子的立國訴求
——張君勱社會主義思想研究（上）

作　　者	王尤清
總 編 輯	杜潔祥
副總編輯	楊嘉樂
編　　輯	許郁翎
出　　版	花木蘭文化出版社
社　　長	高小娟
聯絡地址	235 新北市中和區中安街七二號十三樓
	電話：02-2923-1455／傳真：02-2923-1452
網　　址	http://www.huamulan.tw 信箱 hml810518@gmail.com
印　　刷	普羅文化出版廣告事業
初　　版	2015 年 3 月
定　　價	初編 32 冊（精裝）台幣 56,000 元

轉型時代知識分子的立國訴求
——張君勱社會主義思想研究（上）

王尤清　著

作者簡介

王尤清：貴州盤縣人，南京大學歷史系博士，現為貴州財大學副教授。研究領域為中華民國史、
思想文化史、貴州地方史。發表《和而不同：張君勱與張東蓀對民主認知的比較》、《國家・社
團・個人——〈政治典範〉之譯介與張君勱的秩序選擇》、《國民政府在貴州少數民族地區的抗
戰動員》、《清末民初貴州的紳權勢力與地方政治》、《民國前期南北地緣話語與政治演進》等
十餘篇論文。

提　　要

　　本書以張君勱民主憲政理念下的社會主義思想作為研究對象，通過系統審視其社會主義思
想形成和發展演進的歷史，展現轉型時代知識分子的立國訴求。張君勱的社會主義思想形成於
1920 年代前後，始於觀察和借鑒德國魏瑪共和國所實施的民主社會主義。基於自由主義的立場，
張君勱反對蘇俄模式，主張和平緩進的民主改良路線，提出工商發展與社會倫理相調和、個人
自由與社會公道並行不悖的社會主義理念。譯介拉斯基的《政治典範》是張君勱社會主義思想
系統化的開始，結合中國的政治生態和社會發展現狀，通過對拉氏的理論進行揚棄處理，張君
勱形成以「國家、社會和個人」三元並存的學理框架，這種三元並存的思想格局始終伴隨其後
的思想取向和政治活動。尤其是 1930 年代，受日本入侵以及國內政局演變的影響，張君勱吸收
德意志民族主義及黑格爾的國家哲學，建構以國家民族本位為基礎的「立國之道」，提出「修正
的民主政治」和「國家社會主義」。以「修正的民主政治」回應「獨裁」思潮的挑戰，矯正民主
政治之偏弊，尋求自由與權力達於平衡；以「國家社會主義」熔市場與計劃於一爐，取資本主
義與社會主義之中道，力求使國家、社會和個人三者「相劑於平」。並組建中國國家社會黨，希
望在民族危亡的情況下，適當加強國家層面的權力，通過修正民主政治和社會主義的實施，實
現「民族自活」和「社會公道」，以此踐行不同於國共兩黨的制度模式。抗戰勝利前後，根據國
內政治生態的變化，張君勱對民主政治進行了與時俱進的調適，並通過起草《中華民國憲法》，
從憲政框架下闡述其社會主義主張，至此，張君勱的社會主義思想基本成熟和定型。

目
次

緒　論

第一節　研究對象、選題緣起與研究意義

一、研究對象

　　本文以張君勱民主憲政理念下的社會主義思想作爲研究選題。張君勱（1887～1969），原名嘉森，字士林，號立齋，別號「世界室主人」。江蘇寶山（今屬上海市寶山區）人。1906 年，留學日本早稻田大學，學習法律與政治學，並結識具有師友關係的梁啓超，參與發起梁啓超主持的「政聞社」。1910 年於早稻田大學畢業，獲政治學學士學位。辛亥革命後，任寶山縣議會議長，與湯化龍等人組織共和建設討論會，後與共和統一黨聯合改組爲民主黨。1913 年因開罪袁世凱取道俄國入德國柏林大學攻讀政治學博士學位。1915 年回國，任浙江交涉署長、《時事新報》總編。不久，赴北京任段祺瑞內閣國際政務評議會書記長和馮國璋總統府秘書長。1918 年，張君勱隨梁啓超去歐洲考察，並留德師從倭鏗學習哲學。回國後創辦政治大學、學海書院和民族文化書院，曾任北京大學和燕京大學教授。1923 年，因「人生觀」問題與丁文江、陳獨秀和胡適等進行了有名的「科玄論戰」。張君勱一身致力於實現民主憲政的努力，起草《國是會議憲法草案》和《中華民國憲法》；與李璜合辦《新路》雜誌，批評國民黨一黨專政；與張東蓀等人發起創辦《再生》雜誌並以此爲基礎組建中國國家社會黨（簡稱國社黨），主張實行民主社會主義，多次草擬民主社會主義的國家發展藍圖；提出以新儒學作爲中國文化復興的基礎，成

爲當代新儒家的奠基性人物之一。1949 年旅居美國，繼續從事中國文化發展和社會改造的思考，1969 年病逝於舊金山。

由於留學日本、德國的背景，張君勱深受西方民主政治思潮的影響，思想理念調和自由主義、民族主義、社會主義，希望以此探索出一條不同於資本主義與蘇俄社會主義的「第三條道路」，因而其思想也充滿複雜性和多樣性，思想界視之爲自由主義者，政治法律界稱譽爲「中華民國憲法之父」和民主社會主義者，哲學界列爲新儒家，用「橫看成嶺側成峰」來形容其思想的多重面相最爲恰當。因此，在中國近現代史研究領域，無論是對民主憲政史的反思，還是對近代知識分子的系統考察，抑或是審視傳統儒學的現代回應，或者考察社會主義在近代中國的發展演進，張君勱始終是不可迴避的對象。他的憲政思想和文化取向受到學界的重點關注，但其民主社會主義思想卻很少有學者進行系統研究。

從社會主義在中國的傳播史考察，俄國十月革命後，社會主義作爲改造現代國家的路徑之一，成爲知識分子探索中國發展前景的一種選擇。然而，1920 年代初，社會主義並非只有一種模式，在同一時期，無政府主義、基爾特社會主義、民主社會主義等，在中國都找到各自的接受群體。以俄爲師只是一部分人的主張，德國的民主社會主義也爲時人提供了可供借鑒的參考。對這一時期的知識分子來說，不僅是否走社會主義道路需要討論，即使認同並且已經選擇社會主義的人來說，走什麼樣的社會主義道路也需要探索和思考，因此思想界展開了十分激烈的「社會主義論戰」。張君勱雖然遠在歐洲，同樣也捲入了這場關係中國前途的爭論。在這場論戰中，張君勱與同時代的著名基爾特社會義提倡者張東蓀立場一致，反對走蘇俄模式的暴力革命，但其社會主義理念與張東蓀提倡的基爾特社會義不同，主張採用德國社會民主黨人提倡的「民主社會主義」作改造中國的路徑。

「民主社會主義」與馬克思提倡的社會主義一樣，是一種在西方社會具有廣泛而又長期影響的國際性社會主義思潮，也是至今仍在歐洲大陸具有強大生命力的社會主義主流理論之一。當時，這一思潮在歐洲屬於馬克思主義的「右翼」修正派，也即以「第二國際」爲旗幟的社會民主黨一派。由於中國早期共產主義者一開始就全盤接受了蘇俄的馬列主義，沒有給民主社會主義立足和發展的空間，這一思潮反而在自由主義知識分子中產生影響並獲得認同。1920 年代初，社會主義大討論後，由於日益深重的民族危機，以及軍

閥割據混戰的現實，導致蘇俄式革命思潮在中國激進知識分子中影響日益擴大，並逐漸被奉爲社會主義思想的正宗，而其他社會主義思潮，尤其是以憲政改良爲主要特徵的「民主社會主義」，則被稱爲「僞社會主義」或「反馬克思主義」思潮，受到爲蘇俄革命吸引了的早期共產主義者的痛斥和批判。因此，作爲馬克思主義右翼的「民主社會主義」，在中國共產主義知識分子中幾乎沒有影響，反而在以張君勱、張東蓀爲代表的自由主義知識分子中受到重視，尤其是其中體現公平正義的價值爲張君勱所接受，經過自由主義理念下的解釋，援引爲改造中國的主張。值得注意的是，張君勱的這種主張始終堅守民主政治的價值，將社會主義定位爲發展經濟和實現社會公道的方法，而非一種意識形態或社會制度。但隨著後來革命風潮掀起，導引這股風潮的國共兩黨都奉行「以俄爲師」，張君勱推崇和平改良的社會主義被打入另冊。國民黨政權建立後，由於奉行「一黨專制」，「社會主義」思潮被等同於「赤化」而遭到獨裁當局壓制，雖在中國思想界影響受限，但並沒有因此銷聲匿跡。事實上，張君勱提倡和平改良的「社會主義」理論在整個國民黨統治時期，作爲社會上民主、進步力量的思想武器，對揭露國民黨的獨裁本質，推進中國社會經濟改造和政治民主程序的建設，仍然起到相當重要的作用。〔註 1〕1949 年後，社會主義成爲新政權的符號，由於中國社會主義的勝利是在蘇俄激進革命模式下取得成功，更加重了對社會改良和議會道路思潮的排拒，張君勱等人提倡以民主政治爲導向的改良型社會主義被作爲阻撓社會進步的「反動思潮」受到批判，戰後歐洲全新的民主社會主義潮流，也被自居爲社會主義運動正宗的意識形態話語掌控者完全摒棄在視野之外。這一情況直到文革結束後，甚至蘇東歐劇變、蘇俄社會主義模式告退後才得到改變。正因爲如此，民主社會主義在近代中國發展演進的歷史，迄今爲此，學界尚未對之進行系統梳理和研究。

　　張君勱先後翻譯過多國憲法，起草多部憲法草案和勾劃民主社會主義的基本藍圖，其思想橫貫中西，縱貫古今，每一面相都足以構成一個研究領域，面對張君勱宏大的思想體系，立場不同的論者可以因應研究的需要，各取所需，以證己說。作爲研究中國近代自由主義知識分子思想的嘗試，本文擬選

〔註 1〕 關於馬克思主義中國化演進軌跡和民主社會主義在中國的遭遇，參見申曉云：《當今中國馬克思主義和民主社會主義》，《東亞論文》（新加坡）2005 年總第 49 期。

取張君勱的社會主義主張作爲切入點，對之進行思想史脈絡的梳理和探討。審視以張君勱、張東蓀等人爲代表的自由主義知識分子群體，他們以《改造》、《再生》等刊物爲輿論陣地，提出一系列現代化立國的思考和主張，組建中國國家社會黨，提出以社會主義作爲改造中國的方案。儘管這種堅守民主憲政價値的社會主義沒能成爲左右歷史走向的強勢思潮，但它在特殊環境下推動民主政治的進步，關注個人自由與社會公道，對「中國向何處去」以及「如何改造中國」的問題提出獨自的回應，仍然具有研究和關注的價値。

二、選題緣起與研究意義

本文是在導師申曉雲教授指導下的自主選題，由於對近現代思想文化史感興趣，平時也對此關注較多。民國是近代中國思想界碰撞最爲激烈的時期，社會發展不僅體現在政治社會變革中，也體現在思想文化的變遷上。辛亥革命後，中國社會仍面臨極大的困惑，傳統不能提供解決現實問題的方案，對西方民主的模仿也未能有效重建社會秩序。俄國十月革命後，社會主義提供了另一種改造的可能性方案，然而，在思想界社會主義並非只有蘇俄一種模式，「民主社會主義」也爲當時知識分子提供有力的參考。張君勱即主張以「民主社會主義」改造中國，並以此提出相應的立國之道，成爲一生矢志不渝的政治追求，故本文選擇以張君勱的社會主義思想爲作爲選題。

「民主社會主義」在上世紀 20 年代前後傳入中國，作爲當時新興的社會思潮和政治意識形態，提倡個人自由和社會公道，主張以漸進改良的方式實現民主政治，對尋求中國出路的很多政黨派別和知識分子都產生過重大影響。雖然在激進革命思潮基本佔據主導地位的情況下，和平改良型的「社會主義」沒能成爲左右政局的意識形態，但以「社會主義」作爲理念的知識分子及其組建的中國國家社會黨，卻與其它社會思潮一樣影響著社會變遷和政局走向。張君勱作爲民國時期以自由主義理念提倡和推動「民主社會主義」的思想家，其憲政主張和政治活動見證了民主社會主義在中國的演進歷程，其思想理念和文化取向在今天看來仍不失深刻。張君勱一生著述宏富，先後譯介拉斯基、倭伊鏗、伯格森、費希特、康德、黑格爾、杜里舒、羅素、海德格爾等西方哲人的著作和思想，對當時中國面臨的諸多社會問題都有獨到的見解，從引進西方民主憲政到重建中國儒家傳統，從批判一黨專政到闡揚現代民主法制，從主張民主社會主義到建構新的社會秩序等，張君勱都進行

過審慎的思考並提出相應的解決方案。更為可貴的是作為思想者，在中國由傳統向現代轉型的過程中，不僅是批判和質疑，更重要的為民族國家的走向提供一條切實可行的發展路徑。那麼，張君勱為何會成為「民主社會主義」理論的倡導者？為何會以「民主社會主義」作為其一身的立國訴求？「民主社會主義」在中國有過何種價值表現等系列問題，無論是對張君勱個人的考察還是對中國近代社會思潮的審視，都有必要對之進行系統討論。

　　也許部分批評者會認為張君勱的社會主義主張過於理想化，不過是一種書生之見，近代中國的歷史演進似乎也為這一認識提供了事實證明——張君勱政治活動和社會主義實踐都以失敗告終，甚至其胞弟張公權也認為，他單純從事學術可能會有更大的建樹。但思想者的思想只有放在長時段的大歷史中才能呈現出其應有的魅力，思想家的重要性取決於思想的內在力量，取決於他對社會問題認識和把握的洞察力，而並非簡單對一時社會實踐的支配作用。從這一角度審視，輕言張君勱所作出的努力已經全然失敗，似乎為時尚早。張君勱所處時代的許多社會問題並未隨著歷史的演進而煙消雲散，個人自由與社會公道價值理念並未終結，對民主、人權的審視仍具有現實意義。當前對國家民族的思考、儒學價值的重構、民主憲政的研究也並未超越張君勱的思考範疇，一定程度上可以說，他在上世紀二三十年代對中國的一系列敏銳觀察和前瞻性思考，已經洞察到我們當今所面臨的某些社會問題。

　　彌補中國自由主義研究的不足，是本文選題的考量之一。中國自由主義者或多或少都有社會主義情懷，作為一種啟蒙思潮和制度選擇，他們並不反對社會主義，分歧在於採納何種社會主義的問題。在研究中國自由主義知識分子時，以往關注焦點多集於胡適及其學人群體上，而對當時踐行自由主義理念並一直致力於政治參與的張君勱反而沒有受到應有的重視。胡適在個人層面上影響很大，但將思想理念轉化為政治實踐，胡適派學人群遠不如張君勱；胡適派學人群多是堅守自由主義的價值，而理論上反而是張君勱、張東蓀作出了系統的學理貢獻。因此，從研究中國近代自由主義的層面考慮，也有必要對張君勱進行系統討論。

　　學界對近代中國民主社會主義缺乏應有的關注和研究，也是本文選題的重要原因之一。在當時的社會主義思潮中，除以革命為手段的蘇俄式社會主義外，還有主張走和平改良路徑的民主社會主義。然而，在革命運動成為強勢話語的 1920 年代，走改良道路的社會主義從未得到國共兩黨的認同，以至

於在社會主義大論戰中將其歸為資產階級思潮行列，並被斥之為「偽社會主義」。1949 年後，由於意識形態和政治因素的影響，民主社會主義連同民主社會黨，都被列為「打倒」和「掃除」的對象。長期以來這一思潮並沒有真正進入過理性討論的視野。部分西方國家正在實行的民主社會主義儘管受到一定程度的認識，但也是建立在作為「偽社會主義」批判的基礎上。在與蘇聯交惡後的「中蘇論戰」中，民主社會主義又被作為「修正主義」進行意識形態解讀，體現在對伯恩斯坦和考茨基等人的批判上，中國曾有過的相同思潮的事實更是處於被遮蔽狀態。改革開放後，隨著學術重歸於理性，再加上改革過程中需要彰顯改良的意義，故民主社會主義思潮又開始進入人們的研究視野。隨著蘇東歐劇變，原先走蘇俄模式道路的不少國家轉向民主社會主義，德國社會民主黨的改良路徑以及瑞典等國的發展模式開始成為關注的對象。國內學界對民主社會主義的研究起步於上世紀 90 年代，研究成果總體上以意識形態批判為主，目的旨在論證「中國的發展拒絕民主社會主義」。儘管如此，研究的興起卻將部分論者的視野帶回到民主社會主義在近代中國發展演進的歷史場域。

國內學界對「民主社會主義」的研究，在以往「左」的意識形態影響下，也曾有過批判性和通識性論著，[註2] 但真正作出重新審視的相應研究，始於上世紀 90 年代末。蘇東歐劇變以後，為總結蘇俄共產主義運動的歷史教訓，以及反思文革浩劫帶來的災難，「民主社會主義」重新進入中國人的視野。同時，「民主社會主義」通過北歐、東歐多國家的實踐，在政治、經濟上取得一系列令人矚目的成績，與斯大林模式下激進共產主義運動造成的破壞相比，其彰顯改良的價值開始受到黨內部分領導人的重視。正是在這樣的背景下，

〔註 2〕 相關論文如蕭鐵肩：《中國早期共產主義知識分子對社會民主主義的批判》，《中共黨史研究》1992 年第 5 期；劉務勇：《淺論傳統文化因素對我國社會主義選擇的影響》，《甘肅理論學刊》1999 年第 5 期；劉國榮：《中國選擇社會主義的必然性論析》，《延安大學學報》2000 年第 3 期；李江：《社會主義的歷史命運與我們的選擇》，《湖南社會科學》2001 年第 6 期；李德林：《對中國選擇社會主義歷史必然性的再認識》，《南京政治學院學報》2001 年第 5 期；辛岩：《中國共產黨創始人對社會民主主義思潮的批判》，《高校理論戰線》2007 年第 8 期。這些研究成果總體上還是意識形態批判為主，最終的落腳點都是論證「中國的發展拒絕民主社會主義」。相關著作有徐覺哉：《社會主義流派史》，上海：上海人民出版社，2007 年；許俊達：《民主社會主義哲學源流》，合肥：安徽教育出版社，1994 年；徐崇溫：《民主社會主義評析》，重慶：重慶出版社，1995 年。

學界也開始從學理層面審視作爲國際性思潮的民主社會主義在中國呈現的理論形態與踐行路徑，許紀霖、申曉雲、何家棟、鄭大華等學者，紛紛從「民主社會主義」在中國的形成、發展，以及自由主義知識分子與民主社會主義的關係、在中國失敗的原因等方面進行闡釋。〔註3〕申曉雲教授在研究當今馬克思主義和民主社會主義思潮時，較早注意到中國的「民主社會主義」淵源，關注到張君勱、張東蓀等人的社會主義主張在思想史上的價值。〔註4〕至於「民主社會主義」在中國失敗的原因，有論者從民主社會主義與自由主義等相關角度進行解析，〔註5〕也有從歷史選擇的結果批判民主社會主義理論及其改良主義性質，認爲這種改良思潮在中國沒有階級基礎和經濟前提。〔註6〕部分觀點不乏啓發性意義，但距問題的澄清仍有相當距離。近年來，不少西方國家爲擺脫社會發展所面臨的困境，紛紛提出與民主社會主義相關的革新理論和走「第三條道路」的嘗試，再度引起國內學者關注。尤其是 2007 年，謝韜發表《民主社會主義模式與中國前途》一文，引起民主社會主義大討論，也促使民國社會思潮中曾經產生過相當影響的民主社會主義受到學界越來越多的重視。

　　上世紀 90 年代之前，近代知識分子往往被納入政治運動、民族救亡和民主革命的革命史範式中進行解讀和詮釋。革命史觀強調共產黨人在內憂外患的環境中對革命的訴求，勿庸質疑，馬列主義傳入中國後，共產主義運動之

〔註3〕　參見許紀霖：《社會民主主義的歷史遺產——現代中國自由主義的回顧》，《開放時代》，1998 年第 4 期；荊世傑、丁興富：《論近代中國民主社會主義思潮》，《瀋陽師範學院學報》（社會科學版），2001 年第 4 期；劉是今：《超越與困頓——二十世紀三、四十年代中國自由主義知識分子與民主社會主義》，《湖南經濟管理幹部學院學報》2006 年第 4 期；范葦亮：《民主社會主義思潮在中國的傳播》，《法制與社會》2008 年第 6 期等。王思睿、何家棟：《社會民主主義在中國》，《博覽群書》2004 年第 4 期。

〔註4〕　申曉云：《今日中國的馬克思主義與民主社會主義》，《東亞論文》（新加坡）2005 年總第 49 期。

〔註5〕　閆潤魚：《自由主義與近代中國》，北京：新星出版社，2007 年；許紀霖：《二十世紀中國思想史論》（上卷），上海：東方出版社中心，2006 年，序言第 10 頁。

〔註6〕　劉是今認爲，中國缺乏民主社會主義實現的前提，同時還對民主社會主義的策略選擇進行的剖析，認爲民主社會主義者推行的是「滲透策略」，同時他們過於倚重政治民主，而忽略了經濟民主的要求，經濟民主則是中國人民最根本的要求。參見劉是今：《超越與困頓——二十世紀三、四十年代中國自由主義知識分子與民主社會主義》，《湖南經濟管理幹部學院學報》2006 年第 4 期。

發軔和興起是上世紀革命時代的主流運動，但主流意識形態不可能完全體現
這場巨大變革的所有話題。在以往宏大敘事的革命史敘述下，遮蔽了對張君
勱等自由主義知識分子主張的充分認識，影響對這段歷史進行更爲精確、可
信的解讀。在擺脫革命史觀的負面影響和意識形態的話語支配方面，史華慈
「尋求富強」的論旨與李澤厚「救亡壓倒啓蒙」的觀點提供了兩種解釋模式。
〔註 7〕但在近代中國複雜歷史進程中出場的民主社會主義，試圖調和個人主
義、民主主義、資本主義與社會主義的思想體系，主張注重個體自由與社會
公正的平衡，通過借鑒社會主義的辦法緩和資本主義的矛盾。可見，在致力
於「喚醒民眾」的革命運動風潮中，還有一部分人如張君勱、張東蓀、羅隆
基等人潛心於民主社會主義的學理探討和實踐推行，雖然他們在底層民眾中
的社會影響力微乎其微，但在建構社會秩序的民主藍圖方面卻成績斐然。故
在「尋求富強」、「救亡壓倒啓蒙」以及革命史觀等宏大敘事之外，有必要另
闢蹊徑，對民主社會主義進行深度釐清和詮釋。「尋求富強」、「救亡壓倒啓蒙」
是審視中國近代思想文化史的有效視角，但它不能涵蓋所有思想文化的複雜
面相，也不能用以解釋所有思想演進的脈絡。張君勱等民主社會主義者從尋
求富強到追尋民主的轉變，爲救亡與啓蒙並不處於必然對立狀態提供了有力
證明。本文希望通過深入對張君勱民主社會主義思想的研究，再現變動時代
下知識分子的另一思考路徑——從尋求富強到追尋民主的轉變。

中國絕大多數近代知識分子都有追求現代化發展的情懷，從思想史演進

〔註 7〕史華慈提出，由於缺乏相應的基礎，當中國的啓蒙者試圖將西方的「民主」
和「科學」用來推動啓蒙運動，所要面對的不僅有政治權威，而且還有家族
的阻力。同時，在民族危機日益嚴重的情況下，啓蒙者紛紛捲入各種政治運
動風暴中，並被高漲的民族主義所裹挾，在近半個世紀的一系列政治運動和
反帝活動中，使他們不得不將注意力從思想「啓蒙」轉向政治運動，從而遠
離了「啓蒙者」的寶座，也使「啓蒙」直到今天仍然是個未竟之業。參見施
瓦支（史華慈）：《中國的啓蒙運動——知識分子與五四遺產》，李國英等譯，
太原：山西人民出版社，1989 年；《尋求富強：嚴復與西方》，葉鳳美譯，江
蘇人民出版社 1996 年版。李澤厚認爲，救亡高於一切，包括高於個人解放和
個人自由。中國所需要的，不是對諸如「自由民主等啓蒙的宣傳」，也不是「鼓
勵或提倡個人自由人格尊嚴之類的思想」，而是「一切服從於反帝的革命鬥
爭」、「鋼鐵的紀律」、「統一的意志」和「集體的力量」，相比之下，個人的權
利和自由是微不足道的。在 1919 年之後的歷次運動中，知識分子們感到，救
亡是壓倒啓蒙的，在救亡的過程中，他們不得不接納容忍那個獨裁政府。參
見李澤厚：《啓蒙與救亡的雙重變奏》，《中國現代思想史論》，北京：東方出
版社，1987 年，第 25～41 頁。

的軌跡來看，知識分子以西方爲傚仿對象，其間經歷了由鴉片戰爭前後的排拒到洋務運動後逐漸接納，再到辛亥革命後的全面開放。民國初建，由於舊制已倒而新制未立，重建秩序成爲社會關注的重心。如何完成傳統向現代的轉型？知識分子一度從中西調和走向棄中求西。在政治上，西方議會民主製成爲制度建構的主要借鑒對象，然而，舊秩序的崩潰並沒有給帶來民主制度的建立，反而是社會陷入嚴重的失範與危機。如何在舊有意識形態和傳統社會規制失去效用的社會中重建新秩序？當總統成了皇帝，憲政共和成爲武人弄權的工具，人們不得不對之前滿懷希望的民主制度進行重新審視。五四運動後，由於蘇俄模式的出現，使知識分子的選擇發生了很大的轉變，因爲又多了一個可供選擇的參照糸。故在知識分子的現代性立國方案中，出現了俄化和西化兩種較爲激烈的爭論，現有研究成果也較多體現在這兩者上。那麼，除了俄化、西化之外是否還有其它路徑可走？思想界是否還有其它不同的訴求？蘇俄革命儘管給尋找中國出路的知識分子帶來強烈的示範效應，但這種模式並未取得一致的贊同，質疑者也不在少數。不過社會主義畢竟成爲了最時髦的新名詞，也是尋求民族國家出路的新路徑，一時間與社會主義理論相關的無政府主義、基爾特社會主義、民主社會主義、蘇俄社會主義都在中國找到各自的受眾，並且都提出解決社會問題的方案。其實，無論知識分子持何種主義，都不過是國家發展路徑的不同選擇而已，重要的是都要針對現實問題提出可行的解決方案。不管是過激主義者，還是主張改良者，其目標指向還是具有一致性，即通過對中國現代性的具體思考，提出由傳統向現代的轉型主張。在喚醒民眾的革命運動中，無政府主義和基爾特社會主義很快沉寂下去，蘇俄式的社會主義在中國共產黨的運作下成爲與國民黨相抗衡的武裝政黨，民主社會主義也以中國國家社會黨（後與青年黨、救國會等團體合併爲民主社會黨）爲依託活躍在民國政治思想界。

　　張君勱、張東蓀等人主張緩進改良的社會主義，儘管從歷史發展的結果來看，它是一個被放棄了的選擇，但學術研究不以成敗論英雄。張君勱提出超越於俄化和西化之外的一整套國家發展方案，除民主憲政和新儒學之外，社會主義是其立國之道中非常重要的一部分。從其社會主義思想的整體發展脈絡來看，早期對社會主義的認知，不但可以成爲考察不同時期張君勱社會主義思想的比較素材，還可以將其與馬列主義爲指導的社會主義進行對比研究，也可以將之與同一時期其他中國知識分子（如張東蓀、胡適、丁文江等

人）的「社會主義論」進行比較考察，以審視「社會主義」思潮在近代中國的複雜性和多重面相。1930 年代，他在《立國之道》中的議論與觀察，也有頗多可做精細檢討之處，如「修正的民主政治」的提出、混合所有制經濟的主張，以及個人自由與社會公道的要求等；國民黨政權敗退臺灣之後，自我流放於海外的張君勱，對大陸「社會主義建設」之內容，以及世界共產主義體制國家發展態勢，觀察述論亦多，對社會主義和馬克思主義更別有思考，這一系列問題都是應當別擘擬綱，可以分別處理的課題。

　　對張君勱社會主義思想的梳理，涉及的不僅僅是從傳統到現代的一種轉型問題，而且還包含了對如何應對西方的探討，因此，張君勱社會主義思想的研究除不乏學術價值外，還富有現實意義。不同形態社會主義思潮研究的梳理，不僅能豐富思想史研究的內容，更為重要的是可以呈現近代中國不同形態的社會主義共生與發展的複雜圖景。梳理張君勱社會主義的相關理念，既可以審視其思想演進的歷程，也有助於瞭解民國知識分子對現代國家和民主政治的理解程度，以及透視變動時代知識分子對國家的關切，並以此反思歷史問題對當下的啟示。本文所力圖實現將張君勱及其社會主義思想置身於特定的歷史場景之中，放寬歷史研究視域，將當時社會所面臨的問題結合歷史語境進行具體分析，避免籠統和隨意附會，以釐清民主社會主義思想內涵以及在中國的演進發展脈絡，同時又將其放入歷史的長時段中予以定位和評價。對張君勱的社會主義思想進行系統考察，可以為當下的思想史研究提供一些值得深思的思想資源，豐富對社會主義在近代中國的研究。

第二節　學術史回顧與分析

　　張君勱一生徘徊於政治與學問之間，在政治和學問方面都有重要建樹，因而受到海內外學者的廣泛關注，並且已有很多研究成果面世；就數量而言，大陸最多，臺灣次之，海外相對較少，港澳最少。關於學術史的討論，大陸地區的研究已有研究者進行過相關評述，〔註8〕故大陸地區研究現狀僅作概略

〔註 8〕陳先初：《張君勱思想研究評述》，《湖南師範大學社會科學學報》1997 年第 6
　　　期；張強軍：《近十五年來中國內地張君勱思想研究綜述》，《理論導刊》2008
　　　年第 12 期；張維華：《近三年來中國內地張君勱思想研究綜述》，《商品質量·
　　　科教與法》2011 年第 3 期。

介紹，重點將放在分析與本文相關的論題，即與研究張君勱社會主義思想相關的論著上。由於香港地區基本沒人關注張君勱，爲數不多的幾篇文章也多是大陸或臺灣學者所發表，因此將其附於臺灣地區，不再單獨討論。海外研究現狀在之前的綜述均未有體現，擬在梳理時進行全面概述分析。

一、大陸地區

　　大陸學界對張君勱的研究起步較晚，受政治因素影響，1949 年後的很長一段時期裏，張君勱是以「玄學鬼」的負面身份出現於教科書中，其它方面的思想和主張被意識形態批判話語所掩蓋。進入 80 年代後，學術研究逐漸回歸常態，伴隨著「儒學熱」的興起，張君勱以現代新儒家的身份出現在研究者的視野。許紀霖出版《無窮的困惑：近代中國兩個知識者的歷史旅程》，採用傳記體裁，對黃炎培、張君勱進行比較研究。〔註9〕呂希晨、陳瑩在《張君勱思想研究》一書中開啓對張君勱的儒學思想的考察，鄭大華、羅義林和羅慶豐也相繼出版《張君勱傳》、《張君勱學術思想評傳》和《張君勱評傳》等書，以再現張君勱生命史的方式探討張君勱的思想主張與活動經歷，爲研究張君勱奠定了良好的基礎。〔註10〕陳先初在《精神自由與民族復興：張君勱思想綜論》一書中，以精神自由與民族復興爲切入點對張君勱的思想給出積極的評價。〔註11〕隨著研究的深入，研究領域也得到不斷擴展，涉及到張君勱思想的哲學、政治、經濟、法律、教育、新聞、現代新儒學、文化等眾多方面。據知網和維普等數據庫檢索統計，相關論文共 150 餘篇，專著 10 部。就這些成果來看，可以說張君勱是近來知識分子研究中的熱門人物之一。不少學位論文也以張君勱爲研究選題，博士論文共有 8 篇，分別以張君勱的憲政思想、倫理思想以及新儒家思想等爲研究方向。〔註12〕以張君勱爲研究對

〔註 9〕許紀霖：《無窮的困惑：近代中國兩個知識者的歷史旅程》，上海：三聯書店，1988 年。

〔註10〕鄭大華：《張君勱傳》，北京：中華書局，1997 年；《張君勱學術思想評傳》，北京：北京圖書館出版社，1999；劉義林、羅慶豐：《張君勱評傳》，南昌：百花洲文藝出版社，1996 年。

〔註11〕陳先初：《精神自由與民族復興：張君勱思想綜論》，長沙：湖南教育出版社，1999 年。

〔註12〕巴圖：《張君勱與中國民主社會黨》，中國人民大學，1994 年；陳小蘭：《張君勱新儒家哲學思想研究》，中國人民大學，1995 年；公茂虹：《張君勱政治思想研究》，北京師範大學，1996 年；李昶：《張君勱與民族文化》，中山大學，

象的碩士論文較多，較具代表性的有成慶、王曉黎等人。〔註 13〕下面擬就大陸學界對張君勱的研究成果分門別類進行簡要回顧和分析。

（一）政治思想

公茂虹、徐錦賢等人較早從學理層面審視張君勱的政治思想。〔註 14〕「修正的民主政治」是張君勱較具特色的思想主張，學界對此用力頗多，最初主要從否定立場討論「修正的民主政治」。許紀霖認為張氏「修正」的實際重心勢必擺向權力一邊，不過是從西方自由主義代議政治框架內向集權化的方向『修正』；陳先初也認為，張君勱精心設計「第三種」政治方案，力圖從理論上解決自由與權力的平衡問題，同時通過加強政府的權以適應民族主義的需要，然而在國民政府體制內，不僅民族主義無法實現，民主、自由則在其「修正的民主政治」與「計劃經濟」之中面臨著消解的危險。〔註 15〕近年來，翁賀凱、王本存和魏萬磊等人則將「修正的民主政治」放置於歷史大背景中系統審視，從正面充分肯定這一理論的合理性。〔註 16〕此外，張君勱對國家、社會與個人的認知，張君勱提出異於國共兩黨的政治路線，早期主張以德為師，從事政黨活動，以及對民眾的看法等問題也被納入研究者的視野。〔註 17〕

1998 年；張振國：《張君勱的憲政思想研究》，北京大學，2002；黃海嘯：《張君勱人生哲學研究》，山東大學，2006 年；王本存：《憲政與德性》，重慶大學，2007 年；李煉：《張君勱的倫理思想研究》，武漢大學，2010 年。

〔註13〕 王曉黎：《評述張君勱「德法合一」論》，山東大學碩士論文，2006 年；秦國楊：《儒家「宋學」之「新」何以可能？──張君勱「新宋學」的意義》，四川大學碩士論文，2006 年；成慶：《尋找秩序──一中國思想史脈絡中的張君勱研究》，華東師範大學碩士論文，2007 年；盛栩錚：《論張君勱社會主義思想及其現代意義》，浙江師範大學碩士論文，2010 年。

〔註14〕 參見公茂虹：《五四時期張君勱政治思想初探》，《河南大學學報》1993 年第 1 期；《張君勱三十年代政治思想略論》，《史學月刊》1993 年第 2 期。徐錦賢：《張君勱政治哲學論析》，《南京社會科學》2000 年第 12 期。

〔註15〕 許紀霖：《自由與權力之間》，《華東師大學報》1989 年第 2 期；陳先初：《評張君勱「修正的民主政治」主張》，《湖南師範大學社會科學學報》1999 年第 4 期。

〔註16〕 王本存：《憲政與德性》，北京：中國政法大學出版社，2011 年，第 191～206 頁；翁賀凱：《現代中國的自由民族主義──張君勱民族建國思想評傳》，北京：法律出版社，2010 年，第 91～113 頁；魏萬磊：《多維視角下「調和的民主政治」》，《江蘇社會科學》2010 年第 2 期。

〔註17〕 鄭大華：《國家、社會與個人──張君勱政治思想的演變》，《天津社會科學》2004 年第 4 期；林紅明、許建剛：《張君勱的民主政治與中間路線思想剖析》，《天中學刊》2007 年第 1 期；陳先初：《「以理想之政黨改造中國」──淺議

張君勱的自由主義和民族主義身份也受到相應的重視，以往討論民國時期自由主義時，多集中胡適身上，而張君勱、張東蓀等人則長期受到忽視。近年來，論者對張君勱思想進行整體定位時也關注到自由主義和民族主義的雙重面相，〔註 18〕尤其是丁三青、許紀霖、翁賀凱等人研究成果的面世，使張君勱爲新儒家面紗所籠罩下的自由主義思想底色得到呈現，爲學界提供了西方自由主義在中國的另一發展路徑。丁三青從批判立場看待張君勱作爲自由主義者；而許紀霖認爲，張君勱既是自由主義者，也是民族主義者，即是一個自由民族主義者；翁賀凱也將張君勱定位爲自由民族主義者，在已出版的博士論文中，翁賀凱認識到國家、民族、社會、個人之間存在張力，自由平等、權力、民主、科學作爲現代性理念之間也都存在張力，但他同時也看到這些單位和價值之間也存在和諧共生的一面。〔註 19〕成慶、周驍男、王連偉和張振國等論者還通過與張東蓀、胡適等其它自由主義者的比較來研究張君勱的自由主義思想。〔註 20〕陳先初和閆偉傑等還對張君勱的民族主義思想提出了具體探討。〔註 21〕

張君勱的政黨觀》，《安徽史學》2007 年第 2 期；劉宗靈：《理想與現實的調和——梁啓超、張君勱國會組織思想演變之比較》，《五邑大學學報》2008 年第 1 期；單世聯：《以德爲師：張君勱早期的一個觀點》，《廣東社會科學》2010 年第 1 期；李平輝：《張君勱的政黨思想探微》，《宜春學院學報》2010 年第 3 期；歐陽詢：《張君勱的民眾觀辨析》，《吉首大學學報》2011 年第 2 期。

〔註 18〕如陳先初：《精神自由與民族復興：張君勱思想綜論》，長沙：湖南教育出版社，1999 年；黃冬婭：《張君勱自由觀淺析》，《廣西社會科學》2002 年第 1 期；歐陽詢：《張君勱政治自由主義中的泛道德主義傾向》，《湖州師範學院學報》2011 年第 4 期。

〔註 19〕丁三青：《一個自由主義者的痛苦抉擇——1946 年張君勱同意民社黨出席「國大」動因探微》，《史學月刊》2003 年第 9 期；《張君勱解讀：中國史境下的自由主義話語》，南京：南京大學出版社，2009 年；許紀霖：《現代中國的自由民族主義思潮》，《社會科學》2005 年第 1 期；翁賀凱：《現代中國的自由民族主義——張君勱民族建國思想評傳》，北京：法律出版社，2010 年。

〔註 20〕成慶：《自由主義與共和主義：現代中國思想史中的兩種民主觀——以張君勱與張東蓀爲例》，《天津社會科學》2005 年第 4 期；周驍男、王連偉：《張東蓀中西之別思想初探——兼與張君勱比較》，《學習與探索》2004 年第 1 期；《源於舊學的自由起點——張東蓀和張君勱自由思想比較》，《黑龍江教育學院學報》2007 年第 6 期；張振國：《胡適與張君勱的自由主義比較》，《政法論壇》2007 年第 2 期。

〔註 21〕陳先初：《從民族意識之培養到民族國家之建立——張君勱關於中國問題的民族主義思考》，《船山學刊》2007 年第 4 期；閆偉傑：《張君勱民族主義思想簡論》，《長春工業大學學報》2010 年第 4 期。

　　張君勱思想中最受學者關注的是民主憲政，研究主要涉及憲政思想的評價、淵源發展以及內容分析等三個方面。關於評價方面，陳先初、姚中秋等學者從不同層面肯定了其正面價值。〔註22〕張振國通過張君勱與孫中山的比較，提出張君勱是「志在儒行，期於民主」，雖然思想的底蘊是東方的，卻表現出樂意會通西方文化的傾向。〔註23〕進行類似相關比較分析的還有蕭俊、胡麗娟、王本存等。〔註24〕對張君勱憲政思想的來源和發展研究的成果中，則以翁賀凱和王本存較具代表性，翁賀凱通過考察張君勱編譯密爾的《代議制政府》一書而成的《穆勒約翰議院政治論》，論述了張君勱憲政民主思想的起源；王本存則認為張君勱運用別樣的翻譯技巧並借助特殊的作品形式，表達了其立憲立場和憲政實現的策略。〔註25〕此外，翁賀凱和王本存還從內容上系統剖析張君勱的憲政思想。〔註26〕張振國、劉福生、於麗傑等人也從不同側面對張君勱憲政思想的內容進行研究。〔註27〕

（二）文化思想

　　從研究方面梳理張君勱的文化思想，國內學界主要以張君勱參與「科玄論戰」以及新儒家思想、溝通中西文化、新儒家政治哲學與現代民主政治的關係等方面進行切入研究。

〔註22〕陳先初：《張君勱憲政思想評議》，《船山學刊》2002年第2期；姚中秋：《現代中國的立國之道》，北京：法律出版社，2010年。

〔註23〕張振國：《孫中山與張君勱的憲政思想比較》，《現代法學》2002年第4期。

〔註24〕蕭俊：《蕭公權憲政思想述評——兼與張君勱比較》，《深圳大學學報》2004年第3期；胡麗娟：《張君勱與張東蓀絕交原因探析——一個憲政主張上的比較》，《湖南科技學院學報》2008年第6期；王本存：《張君勱、施米特與魏瑪憲法》，《學海》2009年第3期。

〔註25〕翁賀凱：《張君勱憲政民主思想的起源——以〈穆勒約翰議院政治論〉為中心的考察》，《清華大學學報》2008年第5期；王本存：《「立憲」的隱微與顯白——評張君勱的〈穆勒約翰議院政治論〉》，《現代法學》2007年第5期；王本存、李亞樓：《立憲的「藥方」——張君勱的清末憲政想像》，《政法論叢》2007年6期。

〔註26〕翁賀凱：《張君勱憲政民主思想的成熟1944～1969》，《江蘇行政學院學報》2009年第3期；王本存、王莉：《聯邦制還是單一制——民初張君勱就政制的論辯》，《寧夏大學學報》2009年第3期；王本存：《憲政與德性》，北京：中國政法大學出版社，2011年。

〔註27〕張振國：《張君勱對中央政制的具體設計——簡析〈國事會議憲草〉及〈政協憲草〉設計的中央政制》，《現代法學》2003年第1期；劉福生：《抗戰勝利後張君勱的憲政思想》，《湘潭師範學院學報》2007年第5期；於麗傑：《張君勱關於如何實現憲政思想評析》，《學理論》2009年第22期。

　　吳漢全、雷頤、翁芝光等人的研究成果，充分體現出柏格森生命哲學、康德的認識論、杜里舒的自由意志、進化論等對張君勱在「科玄論戰」中的影響，以及對新儒學的建構。〔註28〕不少研究者對「科玄論戰」中張君勱的「人生觀」意義和價值進行重新評估，〔註29〕還有研究者注意到，「科玄論戰」關係到不少心理學問題的爭論，也涉及對當時教育思想的批判，論者就張君勱作爲玄學派的代表對心理學方面內容的分析，指出玄學派重要的理論貢獻在於認識到心理學的研究仍然需要思辨哲學的促進，心理學的形上學維度是不可或缺的；也有從張君勱對主流教育思想批判的角度，引出對今天我國教育發展的啓示。〔註30〕張君勱的新儒學思想，在上世紀90年代得到呂希晨等學者的部分認可。但受時代影響，仍有不少人認爲，張君勱的新儒學「是爲資本主義制度進行辯護」，「在社會實踐的某些方面也起了消極的甚至是反動的作用」。〔註31〕李昶從張君勱的儒學取向考察其哲學思想的演變及特徵，還對張君勱的儒佛關係論進行分析。〔註32〕繼呂希晨之後，鄭大華對張君勱的

〔註28〕參見吳漢全：《「科學與人生觀論戰」中的張君勱與柏格森哲學》，《湖北師範學院學報》1993年第4期；雷頤：《殊途同歸：胡適與張君勱的歷史命運》，《近代史研究》1994年第3期；翁芝光：《論柏格森生命哲學對張君勱新儒學思想的影響》，《福建論壇》1995年第5期；趙衛東：《由生命哲學到康德——張君勱先生道德與知識關係思想的演變》，《理論學刊》2005年第12期；龍國存：《杜里舒對張君勱「科玄論戰」的影響》，《西南大學學報》2009年第3期。

〔註29〕參見田曉、李玉林：《張君勱與「科玄論戰」再審視》，《中共天津市委黨校學報》2000年第2期；洪曉楠：《張君勱對當代新儒家文化哲學思潮發展的影響——以「科玄論戰」爲例》，《大連理工大學學報（社會科學版）》2002年第3期；柴文華：《論張君勱的科學觀與人生觀》，《貴州社會科學》2004年第5期；顧友仁：《科玄論戰·玄學·中華文化》，《前沿》2009年第3期；黃海嘯：《張君勱從人生觀入手建設國家新文化之哲思路向》，《山東大學學報》2009年第4期；顧紅亮：《張君勱的精神眞空論與現代人的精神生活》，《人文雜誌》2010年第4期。

〔註30〕徐儀明：《張君勱與科玄論戰中的心理學問題》，《河南師範大學學報》2008年第1期；甄建均：《張君勱對科學教育的批判及其改良》，《福建論壇（社科教育版）》2008年第2期。

〔註31〕參見呂希晨：《評張君勱新儒學的文化觀》，《吉林大學社會科學學報》1990年第3期；《張君勱哲學思想論析》，《學習與探索》1994年第6期；《評張君勱儒學與現代化的相容論》，《開封大學學報》1997年第1期；呂希晨、陳瑩：《現代新儒學研究叢書——張君勱思想研究》，天津：天津人民出版社，1996年。

〔註32〕李昶：《張君勱哲學思想的演變及特徵》，《廣州大學學報》1997年第4期；《簡析張君勱的儒佛關係論》，《中山大學研究生學刊》1998年第2期。

新儒學思想研究用力最勤。〔註33〕翁賀凱也對張君勱晚年儒家思想復興論的背景、架構和內涵進行了相關分析。〔註34〕王曉黎和成慶分別注意到張君勱文化理念中的理學和心學因素。〔註35〕陳先初和韋林珍、劉志剛等人也對張君勱的文化觀做出了積極的評價。〔註36〕應奇、解見偉、張春林等人還就張君勱的新儒家政治哲學與現代民主政治關係進行過相關討論。〔註37〕

（三）社會主義思想

張君勱是較早研究社會主義並主張以社會主義改造中國的知識分子之一，社會主義思想是其思想體系的重要構成部分。大陸學界最早對張君勱社會主義思想進行研究的是莊有爲，他在《三十年代初張君勱國家社會主義思想述評》一文中，考察「九一八」事變後民族危機加深，張君勱爲求民族復興的「一條新路」而提倡國家社會主義思想，在政治上要求實行「修正的民主」，在經濟上實行「國家社會主義」兩大主張。〔註38〕儘管該文還沒有完全跳出意識形態的批判範疇，但最大的貢獻在於能突破以往的政治局限，進行學理思考。

上世紀 20 年代，張君勱參與了著名的「社會主義論戰」，並提出自己的社會主義主張。關於張君勱這一時期社會主義思想的探討，僅有公茂紅的《五

〔註33〕 參見鄭大華：《張君勱與西化思潮》，《天津社會科學》2002 年第 6 期；《張君勱與現代新儒學》，《天津社會科學》2003 年第 4 期；《論張君勱新儒學思想的發展》，《中州學刊》2004 年第 1 期；《張君勱論中國現代化與儒家思想的復興》，《孔子研究》2004 年第 1 期；《九一八事變後張君勱新儒學思想的發展》，《商丘師範學院學報》2005 年第 6 期。

〔註34〕 翁賀凱：《張君勱晚年儒家思想復興論再探析》，《中國文化研究》2009 年第 2 期。

〔註35〕 王曉黎：《張君勱「德法合一」論述評》，《管子學刊》2009 年第 2 期；成慶：《尋找秩序——中國思想史脈絡中的張君勱研究》，《華東師範大學學報》2008 年第 1 期。

〔註36〕 陳先初：《精神自由與民族文化——張君勱文化思想透視》，《求索》2000 年第 1 期；韋林珍、鍾海：《張君勱的中西文化觀》，《江南大學學報》2005 年第 12 期；劉志剛、黃冬婭：《試析張君勱憲政觀的文化關懷》，《寧夏社會科學》2002 年第 2 期。

〔註37〕 應奇：《論張君勱的政治哲學》，《浙江大學學報》1994 年第 2 期；解見偉：《張君勱的新儒家政治哲學》，《南開學報》1994 年第 5 期；張春林：《新儒家政治哲學及對現代民主政治建設的啓示意義——以張君勱政治哲學爲例》，《江漢論壇》2009 年第 10 期。

〔註38〕 莊有爲：《三十年代初，張君勱國家社會主義思想述評》，《上海師範大學學報》1989 年第 4 期。

四時期張君勱政治思想初探》、單世聯的《以德爲師：張君勱早期的一個觀點》
和周驍男的《自由的「社會主義」營地──民國初年張東蓀與張君勱「社會
主義」思想差異》等文涉及。相對而言，關於張東蓀參與社會主義論戰的研
究要充分得多。〔註39〕

　　張君勱社會主義思想眞正受到學界關注是進入本世紀後，尤其是近年
來，隨著民主社會主義思潮在世界範圍內再度勃興，部分知識分子和黨內幹
部主張在中國實行民主社會主義，並由此引發激烈的論辯。〔註40〕如前所述，
上世紀90年代蘇東歐劇變後，以蘇聯爲代表的社會主義模式告退，相繼走上
民主社會主義的道路，首先引發了國內黨中改革派對民主社會主義理論的關
注，一些學者也開始立足歷史的高度重新審視「民主社會主義」在中國的形

〔註39〕　對張東蓀早期社會主義主張研究的文章，主要有劉孝良：《評建黨時期陳獨秀
　　　　與張東蓀關於社會主義問題的論戰》，《淮北煤師院學報》1983年第1期；楊
　　　　國強：《二十年代初期「社會主義討論」的歷史思辨》，《上海社會科學院學術
　　　　季刊》1993年第4期；涂志明：《張東蓀與五四時期的社會主義思潮》，《黨史
　　　　研究與教學》1999年第2期；丁偉志：《辨析國情、選擇出路之爭──對於「五
　　　　四」過後發生的社會主義大辯論的再認識》，《中國社會科學》1999年第4期；
　　　　王存奎：《反思五四時期的「社會主義」問題論戰》，《徐州師範大學學報》2005
　　　　年第4期；張寶明：《「中國之前途：德國乎？俄國乎？」──「問題與主義」
　　　　之後的「主義與主義」之爭》，《江蘇社會科學》2006年第3期；楊延青等《張
　　　　東蓀五四時期社會主義思想流變的探析》，《海峽科學》2007年第4期；邱若
　　　　宏：《五四時期張東蓀的社會主義思想述論》，《長沙大學學報》2007年第3
　　　　期；王紅霞：《自由知識分子的社會主義訴求──略論20世紀20年代前後張
　　　　東蓀的心路歷程》，《濟寧學院學報》2008年第4期；鄭大華，高娟：《〈改造〉
　　　　與五四時期社會主義思想的傳播》，《求是學刊》2009年第3期；王明生：《羅
　　　　素的兩大命題與20世紀初社會主義論戰的再審視》，《江蘇社會科學》2010
　　　　年第2期；孫建華：《「社會主義論戰」與馬克思主義中國化思想探論》，《社
　　　　會主義研究》2010年第6期。
〔註40〕　相關論辯的文章有，謝韜：《民主社會主義模式與中國前途》，《炎黃春秋》2007
　　　　年第2期；徐崇溫：《民主社會主義與社會民主主義：歷史理論和現狀》，《中
　　　　國特色社會主義研究》2007年第2期；蕭楓：《謝韜先生〈民主社會主義模式
　　　　與中國的前途〉之我見》，《科學社會主義》2007年第2期；曹長盛：《論民主
　　　　社會主義的思想理論淵源》，《中國特色社會主義研究》2007年第3期；趙大
　　　　朋：《民主社會主義的理論、本質及其可借鑒性》，《廣州社會主義學院學報》
　　　　2007年第3期；周新城：《關於社會主義模式問題的若干思考》，《中共石家莊
　　　　市委黨校學報》2007年第5期；王建軍：《科學社會主義與民主社會主義》，《理
　　　　論探討》2007年第4期；徐崇溫：《中國特色社會主義與民主社會主義是兩股
　　　　道上跑的車》，《求是》2007年第13期；張海鵬：《近代中國歷史發展選擇了
　　　　社會主義道路》，《當代中國史研究》2009年第5期。

成與演進，張君勱的社會主義思想也紛紛受到學界的重視，其中作出較爲系統如鄭大華、陳先初、丁三青、翁賀凱等，他們先後發表有關張君勱社會主義主張的相關成果。

　　研究者主要從張君勱社會主義思想的演變展開分析論述，關於張君勱社會主義思想的演變，目前有「社會民主主義」、「國家社會主義」、「民主社會主義」等不同的說法，丁三青與鄭大華的觀點較爲相似。丁三青認爲 1920 年代，張君勱信奉的是以強調社會所有爲特色的德國式的社會民主主義，30 年代信奉的是以強調國家主義、民族主義爲訴求的德國式的國家社會主義，40 年代信奉的則是以強調民主、自由、人權爲主題的英國式的民主社會主義，其中每一次變化都有深刻的德國背景，理論的立足點是資本主義制度。〔註41〕鄭大華認爲受第一次世界大戰后德國社會民主黨人的影響，在五四時期，張君勱形成了自己的民主社會主義思想和主張。30 年代初，在吸取俄國社會主義計劃經濟和歐美資本主義自由經濟的經驗以及教訓的基礎上，他主張以國家社會主義爲中國經濟發展道路的選擇。抗戰勝利後，他又回到了五四時期所持的民主社會主義立場，強調實行社會主義要顧及個人的基本自由，使社會主義與法律（保障人權）、智識三者結爲同盟，並認爲社會主義與民主政治並不構成矛盾。〔註42〕鄭大華強調國家社會主義較之社會民主主義有所歧變，而民主社會主義則回歸早年的社會民主主義。丁三青則認爲三個名詞有側重點的不同，而許紀霖和閆潤魚則將張君勱的社會主義主張等同於資本主義。許紀霖認爲國家社會主義的本質和立足點是資本主義，至於採用了國家社會主義的名稱，則是因爲資本主義在進入中國後暗含著某種道德上的貶義，而社會主義則天生地受歡迎，所以即便是主張國家資本主義，也要以「社會主義」自命；閆潤魚則將「社會的」民主主義作爲張君勱等人的主要思想，並認爲其本質是資本主義。〔註43〕周驍男通過比較民國初年張東蓀與張君勱「社會主義」思想差異，認爲「張君勱沿著自由憲政的思路，主張學習德國的民主社會主義；張東蓀強調思想自由，借基爾特社會主義的衣缽，構築自

〔註41〕丁三青：《張君勱社會主義思想及其流變》，《徐州師範大學學報（哲學社會科學版）》2004 年第 5 期。
〔註42〕鄭大華：《張君勱的社會主義思想及其演變》，《浙江學刊》2008 年第 2 期。
〔註43〕許紀霖：《社會民主主義的歷史遺產——現代中國自由主義的回顧》，《開放時代》1998 年第 4 期；閆潤魚：《自由主義與近代中國》，北京：新星出版社，2007 年，第 146 頁。

由路徑。雖然倆人在社會主義方案的具體設計上意見相左，但都是以自由爲核心、反對階級鬥爭，同屬於假社會主義的序列。」〔註44〕翁賀凱提出「社會民主主義」、「國家社會主義」和「民主社會主義」三者實質上是一個概念，雖然張君勱在不同時期有不同的表述，但本質上仍是民主社會主義。受世界經濟風潮和中國內部危機的影響，張君勱在 1930 年代提出了國家社會主義下之計劃經濟的主張，翁賀凱在對其理論淵源和具體主張做了詳細梳理後，對學界的相關研究做出修正：翁氏認爲，「儘管對於國家計劃的強調令張君勱這一時期的社會主義思想較常態的民主社會主義有所偏離，但是在基本的政治、經濟和倫理內涵上，張君勱仍能維持民主社會主義的思想格局」。〔註45〕

　　鄭大華與丁三青對張君勱社會主義思想三個階段的劃分，突出張君勱思想的調整和變化，強調 30 年代國家社會主義與之前之後的歧變和差異，雖然有利於思想脈絡的梳理，卻容易掩蓋張君勱思想的複雜性和一以貫之的本質。在臺灣學者薛化元看來，30 年代張君勱的社會主義思想「已發生了本質上的轉變」，〔註46〕鄭大華認爲這或許說得「過於嚴重」，但鄭氏仍然偏重強調張君勱思想之歧變性，指出這一時期張君勱的社會主義思想與 20 年代的不同：20 年代張君勱主張社會主義，是因爲他認爲社會主義能實現社會公道，從而可以避免因貧富懸殊而引起的社會革命；而 30 年代他主張社會主義，是因爲他認爲社會主義不僅能實現社會公道，而且更能促進經濟發展。〔註47〕

　　至於認爲國家社會主義是爲了促進經濟發展的說法，翁賀凱的研究表明，張君勱在五四時期已經明確提出過以社會主義促進經濟發展的觀念。鑒於受到世界經濟風潮和中國內部危機的影響，翁賀凱對張君勱 30 年代提出「國家社會主義下之計劃經濟」的主張，進行理論淵源和具體主張的詳細梳理和剖析，提出儘管對於「國家計劃」的強調，令張君勱這一時期的社會主義思想較之常態的民主社會主義有所偏離，但是張君勱的基本立場依然是調和個

〔註44〕周驍男：《自由的「社會主義」營地——民國初年張東蓀與張君勱「社會主義」思想差異》，《綏化學院學報》2007 年第 6 期。

〔註45〕翁賀凱：《現代中國的自由民族主義：張君勱民族建國思想評傳》，北京：法律出版社，2010 年；《國家社會主義下之計劃經濟——張君勱 1930 年代的社會主義思想論析》，《福建論壇》2007 年第 8 期。

〔註46〕薛化元：《民主憲政與民族主義的辯證發展》，臺北：稻禾出版社，1993 年，第 69～70 頁。

〔註47〕參見鄭大華：《張君勱的社會主義思想及其演變》，《浙江學刊》2008 年第 2 期。

人自由與社會公道、調和增產與平等，主張在國家、社會與個人之間求平衡之道，在基本的政治、經濟和倫理內涵上，張君勱仍能維持民主社會主義的思想格局，較其五四時期的民主社會主義思想雖有所變化，但並不構成一種本質的轉變。〔註48〕

　　魏萬磊在系統考察了30年代張君勱領導的國社黨的社會主義理論，認爲國家社會主義作爲國社黨的施政綱領，同時包含了經濟理念和經濟政策：作爲國社黨的施政綱領，它吸收了「民治主義」的精髓，有效的融合了平等、民主、自由、法治諸要素，有利於實現國家權力、社會公道和個人自由問的和諧；在經濟理念上，把易於造產的集產主義與易於分配的普產主義以及側重自治的行會主義調和爲一，希冀一方面實現民族自活與社會公道的統一，又不致使國家權力過分膨脹而損害個人自由；作爲經濟政策，則包括國社黨依據其經濟理念及現實情況而做出的對土地、農業、工業、租稅等方面的一系列主張，是國社黨的政策方案。〔註49〕

　　丁三青在《張君勱社會主義思想及其流變》一文中，認爲「張君勱對社會主義的解讀基本上是『德國模式』」，「張君勱對『社會所有』的強調，實際上是德國社會民主黨話語的中國言說」，這樣的判斷雖然突顯德國的影響，但卻容易忽略張君勱對中國的觀察和思考以及受英國經驗主義政治思想傳統的影響。張君勱明確提出過「政治我喜歡英國的，哲學我喜歡德國的」，〔註50〕就早期而言，不可否認張君勱在《懸擬改造同志會意見書》、《國是會議憲法草案》中所設計的內容受德國影響較大，但放在思想史的脈絡中審視，就會發現這種定位放大了德國模式對張君勱的影響，張君勱社會主義主張中還有一個與之同樣重要的思想是民主，不能將社會主義與民主割裂開來考察。張君勱對民主社會主義的選擇並非以德國爲絕對樣本，之前的思想取向已經具備了可以接受民主社會主義的思想基礎，其後的主張亦有對英美諸國思想的融會貫通，從早年編譯《穆勒約翰議院政治論》和到20年代譯介拉斯基的《政治典範》及其思想傾向來看，顯然不能忽略英國思想界對他的影響，抗戰勝

〔註48〕翁賀凱：《「國家社會主義下之計劃經濟」——張君勱1930年代的社會主義思想論析》，《福建論壇·人文社會科學版》2007年第8期。

〔註49〕魏萬磊：《論20世紀30年代國家社會主義的內涵》，《清華大學學報》2009年第6期。

〔註50〕張君勱：《政治典範》譯序，《政治典範》，桂林：商務印書館1939年版，第25頁。

利初期在美國的考察也使其深受啓發。社會主義作爲起源於西方的社會思潮，必須對西方思想文化有深入的理解和研究才能有效運用於中國的社會實踐。顯然，張君勱對民主社會主義有比較系統理性的認知，簡單地認爲，「張君勱全然不顧中國經濟問題產生的根源，將德國的一套經濟上的做法再摻雜一些英國的東西，橫移到中國，卻自以爲高明，自以爲進行了經濟制度創新，難免就太過書生氣」，〔註51〕這樣的結論容易陷入成王敗寇的邏輯。

相對而言，翁賀凱對張君勱社會主義的理解較爲準確，翁賀凱在《張君勱民主社會主義思想的起源》中，詳細檢視和梳理了張君勱留歐期間的社會主義論說。認爲張君勱的「社會所有」和「混合經濟」思想明顯地帶有魏瑪德國社會民主黨人思想的烙印；而他對「法律手段」的「議會策略」堅持，除了可能受其早年自早稻田大學以來便一直接受英美憲政思想基調的影響外，魏瑪德國尤其是柏呂斯的憲政自由主義和「形式法治國」思想的影響當是更爲直接的。這兩者也爲張君勱畢生的民主社會主義思想設定了一個基礎：以法律的、議會的手段和平地、漸進地達致社會主義，成爲其終其一生的思想。〔註52〕

綜上所述，大陸學界對張君勱的研究雖然起步較晚，但研究成果頗爲豐碩，既有系統的專著面世，又有微觀的研究論文出現，並且一批青年學生以張君勱爲學位論文選題參與進研究行列。研究論域廣泛，涉及了張君勱對憲政訴求、政治思想、文化取向、社會主義主張等方面的內容，此外，還有以張君勱新聞思想和經濟思想作爲論題的研究成果。〔註53〕相對於民主憲政和新儒學思想，張君勱的社會主義思想仍然沒有得到系統研究，儘管部分研究者的注意到張君勱的社會主義訴求，但到目前爲止，系統探討的專著尚付闕如。此外，雖然張君勱的自由主義者的身份得到學界認同，但其自由主義思想並沒有得到充分討論，與另一位代表人物胡適相比，研究尚處於起步階段，來源於西方自由主義淵源的思想脈絡也有待梳理梳理，他的自由主義理念、與同時期中國其它自由主義者的異同更有待深入研究。張君勱學貫中西，思

〔註51〕 丁三青：《張君勱社會主義思想及其流變》，《徐州師範大學學報（哲學社會科學版）》2004 年第 5 期。

〔註52〕 翁賀凱：《張君勱民主社會主義思想的起源》，《二十一世紀》（香港）2008 年 8 月號。

〔註53〕 徐文策：《張君勱新聞思想研究之我見》，《合肥聯合大學學報》2001 年第 3 期；巴圖：《張君勱經濟策論評析》，《中央財經大學學報》2001 年第 6 期。

想來源複雜，民族主義、國家主義、憲政主義、自由主義思想都對其有深刻的影響，並體現在他對中國現代性立國的思想和實踐中，不少研究成果，因對張君勱思想缺乏總體把握而影響到研究的深入，甚至對張君勱思想造成誤讀。張君勱一生不離政治與學術，著述等身，且代表其思想主張的大部分論著都在大陸出版發表，為研究張君勱提供了便利；但張君勱旅居海外，仍然筆耕不輟，對政治、文化仍有很多反思，國內學界對張君勱在海外發表的論著使用不多，制約了對張君勱思想的全面理解。

二、港臺地區

臺灣地區保存張君勱的資料較為豐富，張君勱的論著也在臺灣得到大量出版，極為方便島內學界的研究。依據臺灣國家圖書館檢索初略統計，從 1969 年張君勱去逝到 2010 年，共有 103 篇文章（連載共計一篇）發表；出版專著 3 部，其中楊永乾的《中華民國憲法之父：張君勱傳》和江勇振的《張君勱》為傳記類著作，薛化元的《民主憲政與民族主義的辯證發展——張君勱思想研究》為綜合性研究。已有的成果，以 1990 年為限可劃分為前後兩個階段。

1990 年之前，研究者多是張君勱的門生故友，大部分文章屬於回憶、緬懷和紀念性質。也有少數學者從研究角度開始對張君勱進行探討，程文熙在《張君勱先生的社會主義思想及多黨政制的民主反共論》一文中，開始關注張君勱的社會主義思想，雖然只是停留於簡單的介紹層面，但在受到意識形態影響而將社會主義視為洪水猛獸的臺灣，尤為可貴。〔註 54〕在資料整理方面，朱傳譽主編《張君勱傳記資料》（共 8 冊），以影印的方式收集了許多相關史料，同時收錄部分張君勱在大陸和海外發表的稀見文章。張君勱的學生和民社黨部分成員發起成立了「張君勱學會」，張氏 70、80、90 誕辰之年及 100 年冥誕，都分別召開紀念性的學術研討會，並結集出版《張君勱先生七十壽慶紀念論文集》、《張君勱先生九秩誕辰紀念冊》和《紀念張君勱先生百齡冥誕學術研討會論文集》。這一時期較具代表性的是江勇振和蕭豐橡，江勇振在其碩士論文中以「政治國」和「學問國」兩

〔註 54〕程文熙：《張君勱先生的社會主義思想及多黨政制的民主反共論》，《再生》1977
年第 7 卷第 6 期。

組概念來分析張君勱的思想演變；蕭豐棪在《秀異份子與全民參與——張
君勱的政治觀》一文中，也採用這種分法討論張君勱思想的發展變化。〔註
55〕研究張君勱的有名學者薛化元也在這時開始對張君勱的民主憲政進行
梳理。〔註 56〕除江勇振的碩士論文之外，其餘研究較爲零散，主要關注張
君勱的生平事跡，從追憶的角度認可張君勱致力於民主憲政的努力，但對
張君勱的政治主張、憲政思想、立國藍圖缺乏分析和深入討論。至於張君
勱的儒家思想、民主社會主義主張等重要問題，即使有極少數文章涉及，
也僅停留於介紹層面。

　　進入 90 年代，鑒於張君勱在整個民國時期都致力於憲政努力，多次起
草憲法草案，憲政思想是張君勱思想的重要組成部，也是臺灣學界關注的重
點。1993 年，薛化元出版《民主憲政與民族主義的辯證發展——張君勱思想
研究》一書，系統闡述張君勱的憲政思想，薛化元從民主憲政、新儒家、社
會主義三者的互動關係，嘗試釐清張君勱龐雜而多樣的思想，並以人權思想
爲切入點，探討張君勱對菁英與人民之間關係的態度，以及對民主政治的推
動，討論張君勱的國家基本藍圖設計中中央政府體制的演變等問題。〔註 57〕
他先後發表多篇文章，從張君勱對中華民國憲政體制的設計、張君勱議會（責
任）內閣制的主張、二元型議會內閣制與中華民國憲法制定的原理等方面入
手系統研究張君勱的憲政思想；並深入考察 1949～1969 年張君勱作爲「第
三勢力」對「中國前途」看法以及國家的認同。〔註 58〕憲政思想是張君勱研
究的主要領域，除薛化元之外，有從張君勱的遺著看中華民國憲法，有評價

〔註 55〕江勇振：《張君勱》，臺北：商務印書館，1979 年；蕭豐棪：《秀異份子與全民
　　　　參與——張君勱的政治觀》，《東亞季刊》1977 年第 9 卷第 1 期

〔註 56〕薛化元：《爲民主憲政獻身的張君勱》，《歷史月刊》1988 年第 11 期。

〔註 57〕參見薛化元：《民主憲政與民族主義的辯證發展——張君勱思想研究》，臺北：
　　　　稻禾出版社，1993 年。

〔註 58〕薛化元：《張君勱與中華民國憲政體制的設計——以「政協憲草」爲中心》，《淡
　　　　江學報》1993 年第 32 期；《張君勱對「中國前途」看法之研究（1949～1969）》，
　　　　《法政學報》1993 年第 1 期；《張君勱與「自由中國」政府（1949～1969）—
　　　　—以「第三勢力」論爲中心的考察》，《臺灣風物》1994 年第 44 卷第 4 期；《張
　　　　君勱的國家認同初探（一九四九至一九六九）》，《鵝湖》1998 年第 23 卷第 9
　　　　期；《張君勱議會（責任）內閣制主張之研究（1922～1947）》，《國立政治大
　　　　學歷史學報》1999 年第 16 期；《改革與革命的抉擇以張君勱爲例的討論（1911
　　　　～1949）》，《法政學報》2000 第 11 期；《二元型議會內閣制與中華民國憲法制
　　　　定的原理——以張君勱爲中心的討論》，《當代》2001 年第 43 期。

張君勱「修正式內閣制」的實踐，也有將張君勱與張東蓀、孫中山分別對比研究。〔註 59〕

　　文化取向方面，張君勱雖被臺灣學界納入新儒家的奠基人物，但真正研究者並不多。一方面由於張君勱的儒學思想與其他「主流」新儒家如牟宗三等人的路徑相異，因而關注較少；另一方面，有論者認為，他的哲學思想過於「粗糙浮泛」，〔註 60〕也是影響臺灣學界對其深入研究的原因之一。儘管如此，張君勱「哲學家」的身份還是得到臺灣學界的認同，對於張氏哲學思想的淵源，論者指出，「其中德國的哲學思想是其主要的外來部分，而宋明理學則是其承襲中國文化的核心所在」。「倭伊鏗乃是張君勱接觸哲學的重要關鍵」，但「他所著重的乃是康德哲學所表現出來的主體性」；張君勱承襲中國文化的核心是王陽明哲學體系，一方面是對「心性主體」的肯定，另一方面是對外在「客觀規範」的肯定。〔註 61〕「承襲德國唯心主義哲學的精華」和中國傳統文化基礎上構築起來哲學思想，「強調人類的自由意志和精神自由，心為主，物為輔，精神不為物質所左右，思想意識有其獨立自主之處。」〔註 62〕「科玄論戰」也是臺灣學者比較感興趣的問題，葉其忠不僅從張君勱與丁文江之間的論戰詳細討論了「科玄論戰」的爆發與擴展，還論述「科玄論戰」前張君勱對歐戰四個看法之嬗變及其批評，並在研究張東蓀的認識論時對比考察了張君勱認識論思想。〔註 63〕羅皓星在考察「科學與玄學」論戰爆發原

〔註59〕賴祐民：《論張君勱的憲政思想》，《國家發展學刊》（中山學會）1994 年第 2 期；高嘯云：《從張君勱先生遺著看中華民國憲法》，《法務通訊》1996 年第 1801 期；廖學廣：《對張君勱「修正式內閣制」實踐之評價》，《立法院院聞》1997 年第 25 卷第 2 期；陳惠苓：《張君勱的生平事略與憲法思想》、《人文及社會學科教學通訊》2001 年第 12 卷第 3 期；原正人：《中國之前途：集權乎？分權乎？——民國初期張君勱與張東蓀的「聯邦論」》，《國立政治大學歷史學報》2003 年第 20 期；吳昆財：《孫中山與張君勱憲政思想之比較：兼論對制憲的影響》，《孫學研究》2010 年第 9 期。

〔註60〕羅義俊：《學術與政治之間的新儒家》，《評新儒家》，上海：上海人民出版社，1989 年，第 590 頁。

〔註61〕薛化元：《民主憲政與民族主義的辯證發展——張君勱思想研究》，臺北：稻香出版社，1993 年，第 251～256 頁。

〔註62〕蕭公權等：《近代中國思想人物論・社會主義》，臺北：時報文化出版事業有限公司，1985 年，第 484 頁。

〔註63〕葉其忠：《從張君勱和丁文江兩人和「人生觀」——文看 1923 年「科玄論戰」的爆發與擴展》，《中央研究院近代史研究所集刊》1996 年第 25 期；葉其忠：《1923 年「科玄論戰」前張君勱對歐戰四個看法之嬗變及其批評》，《中央研

因時，兼述對五四歷史的反思。〔註 64〕張君勱政治取向上認同自由主義的價值理念，而文化上則作爲新儒家的代表人物之一，張君勱如何處理這種文化張力，也深深吸引著島內學者。周夢如、丁興祥從張君勱價值體系的建構討論其政治及文化行動的選擇；陳惠芬將 1930 年代張君勱文化抉擇的特點概括爲民族性、時代性和自主性；葉其忠討論了張君勱思想中的非理性主義、反理性主義與浪漫主義及其自我反省。〔註 65〕

　　至於張君勱的社會主義思想，由於意識形態的影響，臺灣學界很少有學者對之進行系統研究，成果也寥寥可數。除程文熙對張君勱的社會主義思想進行過介紹外，孫寶毅也進行過簡要概括，〔註 66〕通論性論述有熊自健的《張君勱的社會主義觀》與何信全的《張君勱論儒學與民主社會主義》兩篇，微觀考察有潘光哲的《張君勱對社會主義體制的觀察（1919～1922）》。儘管數量不多，但論述和觀點卻頗有見地。李日章《張君勱思想綱要》一文中，認爲張君勱自早年留學柏林萌發社會主義思想後，他的經濟思想就一直以社會主義爲基本色調，通過比較蘇德兩種不同模式，認爲德國的「社會所有」，勝於蘇俄的「暴力沒收」、「廢除私有」與「階級鬥爭」，因此傾向於德國社會民主黨和英國工黨的主張，成爲「民主的社會主義者」。其後又因爲民族危機，便把民族、國家的利益置於一切個人與階級的利益之上，而成爲「國家社會主義者」。所以「國家社會主義」乃是張氏最後的經濟主張。也正因爲如此，他與同道在 1932 年組成自己的政黨時，便把這個政黨命名爲「中國國家社會黨」，而且，國家社會主義本質是社會主義。〔註 67〕熊自健以 1919

究院近代史研究所集刊》2000 年第 33 期；葉其忠：《「知識即生活」：從張東蓀與張君勱間的一場辯論看張東蓀早期認識論的核心》，《中央研究院近代史研究所集刊》2002 年第 37 期。

〔註 64〕羅皓星：《張君勱與「科學與玄學」論戰的引發：兼談對五四歷史的反思》，《中國歷史學會史學集刊》2006 年第 38 期。

〔註 65〕周夢如、丁興祥：《張君勱價值體系的建構及其政治及文化行動的選擇》《應用心理學報》1996 年第 5 期；陳惠芬：《民族性、時代性、自主性：1930 年代張君勱的文化抉擇》，《臺灣師大歷史學報》2000 年第 28 期；江日新：《張君勱與「中國文化與世界」宣言——其想法及訴求》，《鵝湖學誌》2008 年第 40 期；葉其忠：《張君勱之非理性主義、反理性主義與浪漫主義及其自我反省》，《新亞學報》（香港）2010 年第 28 期。

〔註 66〕孫寶毅：《君勱先生與民主社會主義》，朱傳譽主編：《張君勱傳記資料》（第 6 冊），臺北：天一出版社，1979 年，第 240 頁。

〔註 67〕李日章：《張君勱思想綱要》，見朱傳譽主編：《張君勱傳記資料》（第 5 冊），臺北：天一出版社，1985 年，第 197 頁。

年張君勱成爲一名社會主義者開始考察其社會主義發展的三個面相,最初「張君勱從唯心主義與人道主義的立場努力彰顯社會主義爲救世濟民的主義,拯治歐美資本主義陷入階級鬥爭、帝國主義戰爭等弊病的不二良藥,是中國最佳的立國之道。只要中國人認同社會主義的價值,並秉持中國儒家的優良傳統,使今後生計組織、民商法編制與國民教育方針以社會主義爲精神,則中國必可避免社會革命之禍,開創新局,自立於先進國家之林。」1932 年後,中國處於存亡之際,同時西方民主政治面臨極權的嚴竣挑戰以及資本主義經濟危機的特殊時空下,「張君勱獨樹一幟的提出國家社會主義,主張『國家本位』、『修正的民主政治』、『計劃經濟』,以謀求中國的生存與發展」。抗戰勝利後,張君勱「起草中華民國憲法,編組『中國民主社會黨』,提出『奠定和平、擁護統一、要求民主、實現社會主義』的政綱,倡導自成一家的『民主社會主義』」。張君勱流亡海外後,「修正其民主社會主義放棄計劃經濟優先的觀點,提倡新儒家思想。」熊自健認爲,「張君勱是一位儒者,極重道德與實踐理性,因此他把儒學與社會主義結合起來,並組成政黨來實踐其理念,爲儒學社會主義的典型。」〔註 68〕何信全在《張君勱論儒學與民主社會主義》一文中,從張君勱的哲學立場,探討其思想主張中儒學與民主社會主義的關係,認爲「張君勱出入哲學與政治之間,通過理論的探索與實踐力行的歷程,試圖爲中國重新架構一可大可久的立國之道。張君勱從哲學的根本問題出發,進而延伸於政治及社經層面:一方面則積極探討現代世界最新的哲學與政治經濟思潮,以會通中西探索中國的未來發展方向。……透過深入的反省與批判,他從儒家哲學中汲取了鮮活的思想質素,與康德哲學互相會通,凸顯現代民主國家尊重自由人權的倫理基礎。他在中國揭櫫民主社會主義的大旗,並與求均求平深具中道精神的儒家政治哲學互相會通。」〔註 69〕相較於上述通論式做法,潘光哲取比較精細的分析取向,在《張君勱對社會主義體制的觀察(1919~1922)》,一文中,以 1922 年爲限,考述釋論早期張君勱對於社會主義體制的觀察與思考,認爲張君勱並不像當時激進知識分子迅速轉換思想觀點,或是產生企圖迅即付諸

〔註68〕 熊自健:《張君勱的社會主義觀》,劉述先主編:《當代儒學論集:挑戰與回應》,中央研究院,中國文哲研究所籌備處,1995 年,第 9、17、59 頁。

〔註69〕 何信全:《張君勱論儒學與民主社會主義》,收入:氏著,《儒學與現代民主──當代新儒家政治哲學研究》,臺北:中央研究院,中國文哲研究所籌備處,1996 年,第 151~172 頁。

行動的意欲，而是透過實際的觀察、研究與反覆的思索，始告確立其已將社會主義納入關於國家基本藍圖設計的面相，從張君勱對社會主義的認識、理解過程考察其思想產生的整體轉變，這種細緻入微的個案分析方式，爲研究張君勱社會主義思想提供了一個思考方向。〔註 70〕

　　香港研究張君勱者較少，香港學術刊物上所發表爲數不多的幾篇文章也多出於大陸和臺灣學者。〔註 71〕僅有一篇碩士學位論文，即香港大學黃焯焜（Wong Cheuk Kwan）以《張君勱與民國時期的民主社會主義 1919～1938》爲題，著重介紹張君勱 1938 年之前的活動及經歷，包括反對袁世凱，主張民主憲政和復興傳統文化，以及組建中國國家社會黨的經過等方面，該文的缺點是介紹有餘而研究提煉不足，且史料也極爲貧乏。〔註 72〕

　　臺灣地區佔有較爲豐富的第一手資料，形成了一定的研究陣容，這使島內張君勱研究具有相當的優勢。尤其是進入 80 年代後，新一代年青學人加入張君勱的研究領域，張君勱的研究開始逐漸擺脫追憶緬懷的束縛，90 年代迅速產生了一批頗有份量的新成果，然而其缺陷也不容忽視。首先，回憶性文章多，而研究性論著相對較少。臺灣第一批研究張君勱的「學者」，多爲其門生故友或民社黨同仁，鑒於爲尊者諱、爲長者諱的傳統，故 60、70 年代的研究很難做到全面、客觀；其次，這些成果主要體現在政治思想方面，且側重於張氏思想的某一側面加以討論，而缺乏整體性的分析和研究。至於新儒家思想，雖然也吸引了部分學者的注意，但這方面的研究卻是相當薄弱；第三，研究不均衡，憲政思想和主張研究比較充分，而儒家思想和社會主義沒有受到應有的重視。即使研究較多的憲政思想方面，也仍有不少有待提升的空間，如張君勱的憲政主張來自於對西方自由主義理念的認同，究竟哪些理念影響到張君勱政治主張的變化和國家藍圖構想的演變，還沒有得到解決，對張君勱思想的西方淵源也缺乏深度剖析。

〔註 70〕潘光哲：《張君勱對社會主義體制的觀察（1919～1922）》，《國立政治大學歷史學報》1999 年第 16 期。

〔註 71〕如翁賀凱：《張君勱民主社會主義思想的起源》，《二十一世紀》，2008 年第 108 期；葉其忠：《張君勱之非理性主義、反理性主義與浪漫主義及其自我反省》，《新亞學報》2010 年第 28 期；黃兆強：《〈中國文化與世界宣言〉之啓示——論聯署發表及共同參與撰寫之意義》，《新亞學報》2010 年第 28 期。

〔註 72〕Wong Cheuk Kwan. *Carsun Chang and Democratic Socialism in Republican China, 1919～1938*, University of Hong Kong, 1991.

三、海外研究

　　海外學者最關注中國近代社會變遷的歷史和民主憲政的歷程。民國雖然從形式上走向現代，並且以五四新文化運動的姿態宣布告別傳統，但新的社會秩序並未隨著對傳統的否定而建立，中國將何去何從，知識分子紛紛根據各自對中國社會問題的判斷提出相應的解決方案。張君勱政治理念源於西方自由主義，同時又不排斥對中國傳統的文化認同，並且也跟隨時代的節拍提倡社會主義。張君勱身上體現傳統與現代的交織，他致力使中國走向現代，並融入於國際秩序的種種努力，也成爲海外學界研究關注的對象。不過，就成果而言，由於海外研究者人數相對較少，通過檢索 Pro Quest 數據庫和 JSTOR 西文過刊全文數據庫，到目前爲止，以張君勱爲研究對象的博士論文共 3 篇，其它論文共十餘篇。

　　華盛頓李大學歷史系教授金若傑（Roger B. Jeans, Jr.）研究張君勱較早，也是海外研究張君勱的代表性學者。在其博士論文的基礎上修訂擴充而成《張君勱傳》（又名《民主與社會主義在中國：張君勱的政治活動（1906～1941）》）一書，從傳記角度討論張君勱 1906～1941 年間的政治活動經歷。全書共四編 12 章，第一編（1、2 章）分別介紹了張君勱作爲君主立憲主義者的概況和成爲社會主義者的成長過程，第二編（3、4 章）論述在軍閥和國民黨爭政時期以政治家和教育家身份活動的張君勱，第三編（5～9 章）爲全書的重點，詳述南京十年（1927～1937）作爲國共兩黨的反對派，張君勱的政治活動和思想主張，第四編闡述張君勱與共產黨、國民黨之間的關係問題。綜觀全書，這並不是一本面面俱到的人物傳記，金若傑從張君勱接受西方民主政治這一角度切入，研究張君勱的早期政治思想及實踐，國內學界討論很多「科玄論戰」、「新儒家」也就簡略帶過。而將重點集中於討論張君勱對西方民主政治體制的移植和思考，並深入分析民主憲政在中國遭遇失敗的原因。〔註 73〕此外，金若傑還有多篇研究張君勱的文章，如《第三勢力：張君勱與中國反對黨（1919～1937）》和《第三勢力：張君勱與中國民族社會學（1932～1937）》（載《中華民國》，1993 年第 17 卷第 1 期），主編有《未被選擇的道路：二十世紀中國反對黨的鬥爭》〔註 74〕。此外，金若傑還在《張

〔註 73〕 Jeans, Roger B., *Democracy and Socialism in Republican China: The Politics of Zhang Junmai（Carsun Chang）, 1906～1941*, Rowman & Littlefield Publishers, INC. 1997.

〔註 74〕 Jeans, Roger B., *Roads Not Taken: The Struggle of Opposition Parties in Twentieth Century China*, Boulder, San Francisco and Oxford: Westview Press, 1992.

君勘與魏瑪德國》一文中，探討魏瑪憲法和德國社會主義對張君勘的影響，簡要分析了張君勘推崇德國模式的原因，並對張君勘提出的發展社會主義的六條主張進行評價，試圖再現張君勘在 20 世紀 20 年代爭取在中國實行德國模式的努力。〔註75〕

　　英文世界繼金若傑之後研究張君勘的是普林斯頓大學余英時的學生彼得森（Peterson, Kent McLean），張君勘組建中國國家社會黨，制定《中華民國憲法》引起彼得森的重視，其博士論文以《張君勘政治傳記（1887～1949）》為題。除引言和結論外，該文共分 6 章，第 1、2 章介紹張君勘的早年及其留學情況；第 3 章討論 1919～1929 年張君勘第二次歐洲之行及其思想轉向唯心主義哲學和魏瑪德國等問題；第 4 章分析 1928～1937 年作為異議人士的張君勘組建國家社會黨以及同國民黨的關聯；第 5 章探討抗戰期間（1938～1945 年），張君勘與其它社團組建中國民主政團同盟和對建立戰後政府的考慮；最後一章論述 1946～1949 年張君勘與《中華民國憲法》的制定、與中國民主社會黨同仁的離合等方面的問題。彼得森試圖通過連續的原始文本建構張君勘的政治生活編年史，他從張君勘的著作中，關注當時學界還沒有完全解決的諸如張君勘對科學的態度、張君勘的海外關係、政治上的失敗等問題。彼得森認為，張君勘強調的許多價值、理想和政治準則以及和士大夫一樣的實踐，這種變形了的西方思想和獨特的儒家色彩，阻礙了他成為一個成功的政治家。對於張君勘政治上的失敗，彼得森認為，權力的追求始終是一種自私的行為，不適合像張君勘這樣的公共知識分子。〔註76〕

　　哈佛大學陳丹丹則從政治與倫理的視角切入，研究張君勘與近代中國新倫理的尋求。在其博士論文《政治與倫理》中，揭示和研究作者認為既沒有被張君勘自己提到也沒有被之前學者所發現，隱藏於張君勘政治思想中的「卡爾・施密特」元素。〔註77〕通過審視傳統道德的變化和現代倫理的產生，以及張君勘建構一個「禮俗社會」（政治和倫理共同體）的理念，試圖回應海德格爾（Martin Heidegger）與麥金太爾（Alasdair MacIntyre）

〔註75〕金若傑：《張君勘與魏瑪德國》，中國現代文化學會編：《東西方文化交融的道路與選擇》，成都：四川人民出版社，1993 年，第 546～568 頁。

〔註76〕Peterson, Kent McLean. *A political biography of zhang junmai, 1887～1949.* Princeton University, 1999.

〔註77〕其實之前已有研究者注意到這一問題，王本存曾就此進行過論述，參見王本存：《張君勘、施米特與魏瑪憲法》，《學海》2009 年第 3 期。

所提出的核心問題：德性在現代何以可能？在探討如何處理政治和法律之間的張力時，陳丹丹認爲張君勱不明白民主作爲一個純粹的法律概念可以完全通過科學的方法理解，相反，張要求一種內在的政治，強調人們政治習慣和覺悟的改變，同時堅持中國公民的現代「政治議題」民主化，張君勱還強調通過將他們的政治議題轉變爲民主的道德議題建立一個倫理共同體，努力在傳統斷裂後的近代中國政治與倫理之間建立新的政治社會和生活倫理。〔註78〕

　　與上述研究者偏重張君勱的民主憲政思想和組黨活動不同，馬來西亞學者莫順宗比較重視張君勱的新儒學思想，在《在「創新」與「保守」之間：張君勱對中國現代化的立場與構想》和《張君勱與新儒學的演進》兩篇文章中，莫順宗分析了張君勱對待中西方文化的態度和發展傳統文化的思路。在五四反傳統的批判話語下，「創新」與「保守」被建構成爲「好」與「壞」或「善」與「惡」的價值對立，莫順宗通過張君勱對中西文化的批判，看到「雖然張君勱相信中國從傳統到現代的過渡一定要靠西方經驗，但西方文化也不是完美無缺，中國沒有必要完全依從」。張君勱堅持中國的現代化沒有現成的模式，應該在借鑒西方經驗的基礎上，逐步「創新」。因此，莫順宗提出，「保守」人物，其實也具有「創新」思想，未必如想像般的「保守」，也許只有張君勱這種創新之餘嚴守傳統的文化價值取向，「才能眞正告別革命」，從而有助於中國的現代化〔註79〕20 世紀 20 至 60 年代約半個世紀的時間裏，張君勱幾乎參與了現代新儒家發展的每一個重要階段，使新儒走入西方世界的貢獻也相當罕見。儘管張君勱的新儒學思想思辨性不夠強，理論不夠細緻，哲學境界顯得較低，對新儒學義理的開發落後於人，但莫順宗強調「張君勱之於新儒學，重點不在理論的深度，而在於將儒學由一個發展階段推向另一個發展階段，在新儒學由傳承到奠基的演進路，他是一個功不可沒的開拓者」。〔註80〕此外，莫順宗在《萍水相逢：陳禎祿與張君勱》一文中，考述了張君勱與

〔註78〕 Chen, Dandan. *Politics and ethics: Zhang junmai and the search for a new ethical life in modern china*. Harvard University, 2010.

〔註79〕 莫順宗：《在「創新」與「保守」之間：張君勱對中國現代化的立場與構想》，何國忠編：《社會變遷與文化詮釋》，吉隆坡：華社研究中心，2002 年，第 127～137 頁。

〔註80〕 莫順宗：《張君勱與新儒學的演進》，鄭成海，安煥然編：《第一屆馬來西亞傳統漢學研討會論文集》，柔佛：南方學院出版社，2005 年，第 33～47 頁。

陳禎祿的交往情況，對研究 1949 後張君勱的海外活動經歷具有重要參考價值。〔註81〕

　　除以上研究較系統外，其他學者對張君勱的研究皆散見於不同論著之中。馮兆基在《尋求中國民主》一書中，探討南京國民政府成立以後，知識分子追尋民主的抗爭歷程。儘管研究主題不是張君勱，但對張君勱及其國社黨人提出修正的民主政治，要求結束黨治、制定憲法、開放政權等主張有相關論述。〔註82〕此外在馮氏的《社會主義、資本主義和民主主義在中華民國》、《國家建設、資本主義發展和社會正義：社會民主主義在中國的現代轉型（1921～1949）》、《自由主義思想在近代中國的重新審視：多元概念與雙重責任》、《是中國自由主義者的自由嗎？對近代中國自由主義理解的反思》和《民族主義與現代性：民國時期文化保守主義的政治》等文章中也對張君勱有相關論述。〔註83〕紀文勳在《現代中國的思想衝突：民主主義與權威主義》一書中列有專章對張君勱生平、政治理念、經濟理念和文化教育觀念作了簡要介紹，並認爲「議會迷」的綽號對張君勱來說再合適不過。〔註84〕

　　其餘文章多在研究中國人權運動和新儒家時論及張君勱，〔註85〕或研究

〔註81〕莫順宗：《萍水相逢：陳禎祿與張君勱》，王琛發編：《爲萬世開太平：陳禎祿思想國際研討會論文集》，吉隆坡：馬華公會中央黨校，2007 年，第 125～135 頁。

〔註82〕Edmund, S. K. Fung. *In Search of Chinese Democracy: Civil Opposition in Nationalist China（1929～1949）*, Cambridge University Press, 2000.該書由劉悅斌等譯爲《尋求中國民主》，南京：江蘇人民出版社，2011 年。

〔註83〕Edmund, S. K. Fung. Socialism, capitalism, and democracy in Republican China. *Modern China*, Vol. 28, No. 4, 2002; State Building, Capitalist Development, and Social Justice: Social democracy in China's modern transformation, 1921～1949, *Modern China*, Vol. 31, No. 3, 2005; The idea of freedom in modern China revisited: plural conceptions and dual responsibilities, *Modern China*, Vol. 32, No. 4, 2006; Were Chinese liberals liberal？ Reflections on the understanding of liberalism in modern China. *Pacific Affairs*, Vol. 81, No. 4, 2008; Nationalism and modernity: The politics of cultural conservatism in Republican China. Modern Asian Studies, Vol. 43, No.3, 2009.

〔註84〕Chi, Wen-shun. *Ideological Conflicts in Modern China: Democracy and Authoritarianism*, New Brunswick and Oxford, 1986, pp. 135～157.該書由程農、許劍波譯爲《現代中國的思想衝突——民主主義與權威主義》，太原：山西人民出版社，1989 年版，第 138～162 頁。

〔註85〕Chan, Wing-tsit. The study of chu hsi in the west. *The Journal of Asian Studies（Pre～1986）*, Vol. 35, No. 4, 1976; Svensson, Marina. Confucianism and human rights. *The Journal of Asian Studies, Vol.58*, No. 2, 1992; Dirlik, Arif. New Confucianism: A critical examination. *The China Quarterly*, Vol.184, 2005.

其它人物如章士釗、艾思奇和張東蓀等人或其它相關問題時涉及張君勱，這些文章並未就張君勱展開深入研究。〔註86〕國內學者張汝倫也曾在海外刊文討論過張君勱、張東蓀等人提倡的「第三條道路」。〔註87〕

此外，張君勱的政治活動也就成為海外學界研究的熱點。反對黨的存在是西方民主憲政的標誌，民國政治發展複雜多變，反對黨的出現與成長也成為海外學者研究的重點，張君勱與《再生》社同仁合作組建異於國共兩黨的中國國家社會黨（簡稱「國社黨」），希望通過和平改良的民主緩進路線實現民主價值，其主張又稱為「中間路線」，張君勱和國社黨又被稱為「第三勢力」。作為民主憲政的故鄉，海外學對此領域最為熟悉，研究也相對容易上手。隨著「新儒學」的提倡和興起，張君勱的「新儒家」思想也成為近年來人們關注的熱點。中國人如何對待自己的文明？新儒學如何走向現代等問題也引起海外學界濃厚的興趣。再加上張君勱在海外以英文出版《中國第三勢力》、《新儒家思想史》和《王陽明：中國十六世紀唯心主義哲學家》，因此他在政治上的主張和儒學思想比較為英文世界的學者所熟悉和看重。

從總體上看，海外學者的研究以理論建構見長，不受意識形態羈絆，研究視野較為開闊，但缺陷也十分明顯。首先，研究比較單一。三篇博士論文中，有兩篇從傳記的角度做全景式掃描，對瞭解張君勱的思想歷程提供了很大幫助，但宏觀敘事下容易忽略具體問題的審視。上述研究無一例外都關注民主憲政和組黨活動，而對諸如國家發展藍圖的設計、民主政治的修正以及社會主義主張等問題缺乏研究；其次，研究不系統，除三篇博士論文和為數不多的幾篇研究之外，其餘對張君勱的討論皆散見於不同論著中，多是在探討相關問題時論及張君勱而非對其進行專門研究，能在不少研究成果中見到張君勱的身影，但見不到深入的解讀；第三，長於理論建構，而失於對史實的把握。從理論入手剖析學術問題是海外學者的強項，尤其是西方學者，但從西方治學理論得出的結論，容易簡單化張君勱思想的複雜性和豐富性，也

〔註86〕 Bodenhorn, Terry. Ai siqi and the reconstruction of chinese identity, 1935〜1936. *Modern China*, Vol. 23, No.3, 1997; Hockx, Michel. The literary association（wenxue yanjiu hui, 1920〜1947）and the literary field of early Republican China. *The China Quarterly, No. 153, 1998; Ye, Bin. Searching for the self: Zhang shizhao and chinese narratives（1903〜1927）*.University of California, Berkeley, 2009.

〔註87〕 Zhang, Rulun. The Third Way, *Contemporary Chinese Thought*, Vol. 31, No. 4, 2000.

會一定程度上遮掩歷史的真實面相，甚至有造成誤讀的可能；第四，史料運用單一，並且存在關鍵史料缺乏運用的情況。以金若傑為例，在對張君勱生命史重建過程中，如《明日之中國文化》、《立國之道》等書都未能納入其論析範圍，在這些具有綱領性意義的文獻中，張君勱系統表達了他的立國訴求、思想主張和文化取向，這些文獻的缺乏使用，不能不說是其研究中的嚴重缺憾。張君勱的論著自然是研究的主體史料，但單一以張君勱的論著作為研究依據，也有只見樹木不見森林的不足。

第三節　以往研究的不足與本文的創新

面對生平活動相當廣泛的張君勱，海內外學者分別立足于堅實的史料基礎，考察張君勱的論著，並以多元的角度對張君勱的政治和學術思想活動進行探索與詮釋。多數學者從文本出發，從歷史學、政治學、哲學和詮釋學等不同角度，兼顧史料和實證經驗，揭示張君勱思想的本質內涵和來龍去脈，其研究成果也是建立在對相關歷史文獻充分佔有和準確解讀的基礎上。如前所述鄭大華、陳先初、薛化元、金若傑等學者，既能分別從不同視角對張君勱一生的生命歷史和思想進行整體性研究，同時又結合張君勱不同階段思想演進中的重要主張進行分別解讀。

總體上看，香港和海外研究相對較少，大陸學界對張君勱的研究起步較晚。上世紀的研究成果臺灣領先於大陸地區，關注重點也各有側重，臺灣比較重視張君勱的民主憲政思想和政治活動，而大陸則對他的新儒學思想感興趣。受政治因素的干擾，兩岸的研究都或多或少帶有意識形態下的價值判斷，如在以往「左」的思想禁錮下，大陸學界最初曾將張君勱的思想定位為：「實質上就是歐洲反動資產階級哲學柏格森主義與中國沒落封建階級宋明理學相結合的雜拌」，〔註88〕是一種「徹頭徹尾」的唯心主義；張君勱宣揚這種唯心主義哲學的目的，就是為了「否認社會歷史發展規律，反對馬克思的唯物史觀」。〔註89〕隨著研究的深入和拓展，大陸學界已經擺脫過去臉譜化、標籤化的評價方式，新近出版的論著，已經呈顯這樣的趨向，例如翁賀凱、姚中秋、

〔註88〕李振霞、傅雲龍：《中國現代哲學人物評傳》（上），北京：中共中央黨校出版社，1990年，第458頁。

〔註89〕呂希晨：《中國現代資產階級哲學思想述評》，長春：吉林人民出版社，1982年，第51頁。

王本存等人的成果就較爲客觀公允。傳記角度的研究，都採取撰述與重建歷史人物之生平與思想的標準寫作格式，依據時間序列進行論述。鄭大華、金若傑、彼得森等學者依時序描摹張君勱生平各個階段的活動與觀點，呈顯出張君勱作爲歷史人物的複雜人生面貌。尤其是鄭大華先生的《張君勱傳》和《張君勱學術思想評傳》，以詳實豐富的資料對張君勱做了基礎性的研究工作，〔註90〕對張君勱一生的政治活動和思想觀點，大致都有詳實的敘述，而且努力擺脫以往「左」的意識形態干擾，不再用「走向了毀滅」來形容1949年後離開大陸的張君勱。〔註91〕這些研究成果爲瞭解張君勱的生命歷程提供了相對全面的概貌。除傳記類的著作外，由於張君勱政治、學術的雙棲角色和多方面的造詣，國內學者也從多視角、多層面對其研究，論域基本可以概括爲張君勱思想的三個方面，即以民主憲政爲核心的政治思想、以新儒家爲線索的文化思想和以社會主義爲原則的立國訴求。民主憲政和新儒家是學界關注的重點和熱點，研究也最爲豐富和成熟。而本文所要研究的社會主義思想則最爲薄弱，這與張氏一生的政治訴求和政治活動在近代中國民主社會主義發展中所扮演的角色極不相稱。

首先，儘管學界對張君勱選擇德國民主社會主義模式已無可爭議，作爲政治訴求也有足夠的史實佐證，但張君勱社會主義主張究竟具有怎樣的內涵，要從思想史的深度對其進行全面解讀，僅將視野和思考範圍局限於德國《魏瑪憲法》及其制度藍圖——社會民主主義，顯然不能完全解釋張君勱社會主義思想的豐富內涵。德國社會民主黨最早將民主社會主義付諸實踐，但民主社會主義的源頭卻不完全來自德國，張君勱思想來源複雜。學界考慮到張君勱實際政治方面的立場，忽視政治之外的經驗影響，研究只強調作爲政治人物的張君勱，而忽視了作爲思想家或學者的一面，其片面性顯而易見。

其次，社會民主主義、國家社會主義和民主社會主義三種提法在張君勱不同時期的文本中都能找到原型，張君勱言說中的這些社會主義是一個概念嗎？不少論者都將其納入到社會主義思想這一體系內，而在解釋時又不約而同地將其本質解釋爲資本主義，這種內部的緊張並沒有得到有效的緩解。如

〔註90〕鄭大華：《張君勱傳》，北京：中華書局，1997年版：《張君勱學術思想評傳》，北京：北京圖書館出版社，1999年版。

〔註91〕許紀霖：《無窮的困惑：近代中國兩個知識者的歷史旅程》，上海：三聯書店，1988年，第256頁。

從西方理論源頭上追溯，社會民主主義與民主社會主義在其故鄉也仍能找到相對應的名詞，然而，在近代中國歷史話語中的民主社會主義與 19 世紀晚期 20 世紀初國際上流行的概念相等同嗎？很顯然，從五四前後傳入中國的社會民主主義到國社黨的國家社會主義再到 1946 年國社黨與憲政黨合併為民社黨後宣揚的民主社會主義，與國際上社會主義的分化流變並不完全合拍。這些問題的內在理路和演變脈絡在學界仍未得到應有的梳理與解答。

第三，很多學者在研究張君勱民主社會主義時，將民主與社會主義割裂開來論述，考察其民主憲政主張時往往忽略其社會主義的訴求，或探討其社會主義思想又沒有充分重視民主這一重要維度，或者只是將張君勱對發展經濟的相關設計作為其社會主義的內容，從而把社會主義限定於經濟層面。儘管不少研究並未因為這些不足而影響對張君勱某一方面的研究價值，但無論是對張君勱民主憲政思想的同情性理解，還是否定性的批判言說，大多對其思想背後的價值理念缺乏學理性認知，以至於認同性的詮釋不能充分呈顯其思想深度，而居於批判角度立論也不能讓人信服。以張君勱社會主義思想為題探討者也多是從經濟角度立論，張君勱語境中的民主社會主義真是如此麼？民主社會主義同時含有政治維度與經濟維度，民主社會主義是「民主」與「社會主義」的復合體，並非僅是經濟主張。其實民主社會主義既是經濟設計，也是政治建構，它有一套系統的政治、經濟價值理念。

第四，嘗試在「中國史境」中進行考察，為張君勱研究提供了一個很好視角，〔註 92〕但太過依重以思想詮釋思想的方式，仍然是將思想的演變置於歷史脈絡之外。另外，沒有將張君勱周圍的學人群體結合起來，使不少研究顯得十分單薄。魏萬磊對《再生》社學人群的研究意識到這方面的不足，但魏萬磊研究的對象不是張君勱，而是一個群體的綜合研究，且以上世紀三十年代為限，故很難突顯出張君勱思想的應有地位，也不能展示長時段的大歷史視野。〔註 93〕

此外，雖有將張君勱與其周圍的知識分子結合起來考察，但基本側重於共同的思想取向方面，從而忽視了被相同主張所掩蓋之下的分歧。拒斥民主

〔註 92〕丁三青即採用這種方式對張君勱進行解讀，參見丁三青：《張君勱解讀：中國史境下的自由主義話語》，南京：南京大學出版社，2009 年。

〔註 93〕參見魏萬磊：《論 20 世紀 30 年代國家社會主義的內涵》，《清華大學學報（析學社會科學版）》2009 年第 6 期。

社會主義的批判者，對張君勱社會主義思想缺乏基本的尊重和體會，往往先預某種價值立場，這也使他們的批判和拒斥常常不得要領。

總而言之，就目前相關研究現狀來說，關於張君勱社會主義的研究還相當薄弱，大部分研究論著側重於宏觀論述而缺乏系統分析和深入詮釋。民主社會主義背後的價值理念，目前均無研究可言。既有的研究成果對張君勱社會主義思想的淵源分析也比較薄弱，他社會主義思想受到英國和德國影響很大，但哪些思想源於英國，哪些源於德國？又有哪些得自儒家傳統資源？影響程度多大？以及張君勱對在中國實行民主社會主義的可行思考，揭櫫公平、正義的理念等問題，都是有待深入研究的課題。本文所希望取得的創新也是居於對上述問題深入審視，在充分借鑒、分析和利用學界研究成果的基礎上，以張君勱不同階段的思想層面為主線，對其民主社會義思想的發展脈絡進行系統地梳理與分析，一方面以彌補目前研究的不足，另一方面力圖呈顯轉型時代知識分子追尋立國之道的思想訴求和心路歷程。

第四節　研究思路與研究方法

本文旨在系統研究張君勱的民主社會主義思想，力圖通過對張君勱的審視，考察民主社會主義思潮在近代中國發展演進的脈絡。從研究思路來看，既有成果雖不是本文直接採納的對象，但卻奠定了本文研究的學術基礎。學界在討論張君勱思想時，曾有如下幾種定位：胡偉希將胡適繼承杜威的自由主義曾稱為「功利自由主義」，將張君勱、張東蓀受英國費邊社會主義和基爾特社會主義影響的自由主義稱為「修正自由主義」。〔註94〕張汝倫將胡適、張君勱為代表的自由主義群體區分為「西化自由主義」、「本土自由主義」。〔註95〕許紀霖則作了「觀念的自由主義者」和「行動的自由主義者」的區分。〔註96〕魏萬磊不同意以上幾種定位，認為「調和型自由主義」更適合張君勱及其

〔註94〕詳見胡偉希：《理性與烏托邦——20世紀中國的自由主義思潮》，見高瑞泉主編：《中國近代社會思潮》，上海：華東師範大學出版社，1997年，第225～250頁。

〔註95〕詳見張汝倫：《「第三條道路」》，見李世濤主編：《自由主義之爭與中國思想界的分化》，長春：時代文藝出版社，2000年，第336、480頁。

〔註96〕詳見許紀霖：《社會民主主義的歷史遺產——現代中國自由主義的回顧》，見李世濤主編：《自由主義之爭與中國思想界的分化》，長春：時代文藝出版社，2000年，第480頁。

學人群體。〔註97〕本文在研究張君勱社會主義思想時，將不對其自由主義思想進行上述判斷，而是著重對張君勱繼承西方新自由主義的思想歷史脈絡進行梳理，深入理解張君勱所吸收的思想資源，然後進一步考察這些觀念與意識形態在張君勱思想中被接受、修正和揚棄的狀況，展現西方新自由主義在近代中國如何與社會主義理論形態有效地結合，並影響張君勱、張東蓀等知識分子對中國問題的思考。

　　史華茲和李澤厚提出「尋求富強」和「救亡壓倒啓蒙」的觀點，爲研究近代知識分子和社會思潮提供了有力的解釋模式，江勇振、薛化元以及金若傑等學者在研究張君勱時也受到很大影響。雖然現有解釋模式可以使我們將問題看得更爲清晰透徹，可但凡一種模式，都有化約論的傾向，難免遺漏可能存在的諸多面相。相對而言，在擺脫「史華慈論旨」和「救亡壓倒啓蒙」兩種框架上，翁賀凱將人物放入自由主義和民族主義思潮中進行審視，給文本以很大啓發。〔註98〕本文的基本研究思路是跳出已有的研究框架，將原始材料與現有研究結合起來，從民主社會主義在近代中國傳播演進的全盤理解中生發出問題意識，進而反觀現有理論框架，補充發展思想史研究的脈絡，而不是用現有研究做理論框架來裁剪研究對象。在張君勱的民主社會主義思想中，因政治環境的變化和社會變遷的影響，曾在不同時期對同一問題進行反覆論述，以強調其政治主張和思想表達，作爲面對危機的不同回應，甚至在部分問題上前後立場相異。因此需要結合思想發展的脈絡和歷史演變的特

〔註97〕魏萬磊認爲，他們在政治上調和了國家權力和個人自由，形成「修正的民主政治」主張，進而通過代議制和選舉制將修正民主政治與力主社會平等參與的民治主義調和起來；在經濟上將資本主義與社會主義，政治民主與經濟民主，國家、社會和個人在生產中的關係作了適當的調和，將側重分配的普產主義、側重生產的集產主義以及側重社會管理的行會自治主義調和起來；在文化上調和了淑世主義與自由主義，將社會改良和傳統文化協調起來，發揮個人理性與激情兩種因素，追求社會進步、國家復興、個人自由，超越了本位文化與全盤西化兩種極端的文化傾向。參見魏萬磊：《20世紀30年代「再生派」學人的民族復興話語》，北京：中國社會科學出版社，2011年，第4頁。

〔註98〕翁賀凱從國家、民族、社會、個人的關係考察，認爲它們之間存在著張力，作爲現代性理念的自由平等、權力、民主、科學，它們之間也存在著張力，但這些單位和價值之間有和諧共生的一面。翁賀凱通過探討自由主義與民族主義之間的吻合之處，系統論述了張君勱在國家基本政治制度構設方面所做的努力。參見翁賀凱：《現代中國的自由民族主義——張君勱民族建國思想評傳》，法律出版社，2010年。

定場域，審愼分析張君勱社會主義思想中哪些理念發生過變化，以及這些理念對張君勱思想的建構作用，對解決中國社會問題的實際意義。同時，對張君勱尚未付諸實踐的主張進行歷史審視，以評判其思想價值。

　　本文採用思想史研究的方法，葛兆光先生將思想史的研究概括爲三種：即確立事實、眞理評價與追蹤旅行。〔註99〕無論是確立事實的探索還是眞理評價的研究，或者是追蹤旅行考察，都離不開對文本的詮釋，一定程度上可以說思想史的主要研究方法是詮釋，因爲所有的研究都是從對文字的閱讀、對資料的查看開始的。儘管只有通過解釋穿透文本才能抵達思想者內核，然而思想者與我們視域不同，對文本作出過度闡釋，有可能曲解文本的內容和思想。故思想史路徑的研究實踐中，應關注文本的「場域」，即發掘史料背後的各種立場和意識形態，以及這種理念的產生與社會發展變遷的關係，而非簡單地解釋文本。思想史的研究不能離開對觀念和思想體系的哲學剖析，研究的突破最終要依靠對一系列核心觀念及其演變歷程的深入研究，任何先入爲主的價值判斷都有可能偏離研究對象所具有的內涵和本質。因而，本文既要去除對相關人物進行意識形態下的價值判斷，又要分發掘史料，將人物思想置於特定的歷史語境中，力求在學術規範內對研究對象的思想進行合乎史實的解讀和詮釋。以此考察張君勱社會主義思想中的具體主張，發掘其理念背後的哲學意蘊，深入探討這些理念在張君勱思想發展演變的過程中所起的作用。

　　思想史研究本身包含追尋原因和尋求「價值」兩方面的內容，因此，本文探討張君勱社會主義的思想根源，同時深入審視張君勱相關理念的價值。原因的探討重在追溯過去，再現歷史的眞實面貌，而對「價值」的探討則旨在對當下的啓示。在釋讀張君勱論著時，注重從產生文本的社會和知識背景下研究他的思想主張。對張君勱思想的考察，不僅審視其思想的源流，還重視其具體主張和實踐與歷史時空的互動。由於思想家不是一個孤立個體，不能從他所屬的具體社會中抽離出來，只有置身於其所處的歷史大背景下，同時兼顧不同的語境，才能眞正地理解張君勱的民主社會主義思想。因此，本文既重視「觀念史」（history of ideas）之「內在理路」（inner logic）分析，也強調思想與歷史語境互動的「思想史」（intellectual history）。中國知識分子對現代性的尋求，是在強烈憂患意識的心境下，面對複雜多變的國際國內政治

〔註99〕葛兆光：《思想史的寫法──中國思想史導論》，上海：復旦大學出版社，2004年，第55～56頁。

環境，相互交織形成錯綜複雜的特殊語境下進行的，如果僅從文本詮釋而不與歷史語境結合，將無法全面反映張君勱的民主社會主義思想，也不能反映民主社會主義在中國演進的眞實面相。總之，要充分理解張君勱等民主社會主義者，必須擺脫用當下標準去衡量思想者的做法，應時刻銘記古今的差異，以同情理解的態度對待思想者的思想，如此，方能實現與之對話。

重視張君勱社會主義的歷史語境，不僅要關注提供思想活動的中國政治生態環境，還要關注他所處的國際環境，曾如哈佛大學教授柯偉林（William C. Kirby）所言，「這一時代的所有大事都具有國際的層面」。〔註100〕國外思想文化的走向變遷以及種種社會主義觀念對近代中國社會主義思想學說的演進都有深刻的影響。本文通過考察張君勱社會主義思想形成和發展演進的歷史，充分探討域外觀念對近代中國自由主義知識分子社會主義思想觀念的影響，審視西方社會思潮的變化究竟在多大程度上影響了中國自由主義知識分子的思想抉擇。

中國的現代性來自西方，「五四」新文化運動後，思想取向更是大規模轉向西方，而研究者也習慣於從這一視角來進行解釋。打破以西方爲中心的思想史視野，結合中國自身的歷史脈絡解釋現代中國思想的潮流尤爲必要，因此，既要看到張君勱、張東蓀等自由主義者「從傳統到現代」過渡的歷史事實，同時也重視他們作爲中國思想內在演進脈絡中關鍵的一環。

系統探討民主社會主義在近代中國的發展演變，闡述民國時期自由主義知識分子的多樣性，同時避免將自由主義在中國簡單化、單一化是本文的立場之一，因爲即便是在同一思潮內部也在基本取向相同的同時較爲明顯地呈現了思想的異質性。持民主緩進路線的張君勱、張東蓀等民主社會主義者與「胡適派學人群」的主張不同已爲學界所公認，但在關注與其他社會思潮的分歧時，卻容易忽略民主社會主義內部之間存在的不同。譬如，張君勱與張東蓀改造中國的主張基本一致，對自由、民主等理念也有許多交叉重疊之處，但兩者的自由主義淵源卻有很大的不同，張君勱的自由主義思想理念承接英國經驗主義傳統，而張東蓀則明顯源於大陸理性派。

在資料的運用上，本文搜集了與張君勱直接相關的期刊和全部著作，以此審視張君勱社會主義思想。此外，張君勱晚年旅居海外，部分資料分散於

〔註100〕柯偉林：《中國的國際化：民國時代的對外關係》，《二十一世紀》（香港）1997
　　　　年總第 44 期。

港臺和海外，除極少文字未能收集到之外，大多數資料都得以收集齊全。未能找到史料則以相關文集、日記、回憶錄等資料進行補正，力求不影響對張君勱社會主義思想原貌的評價。在研究取向上，避免為「烘託」傳主而褒多貶少的做法，既不重複繼續意識形態下「黑白分明式」的描述，亦不停留於「被重新發掘」後的「熱炒」。因此，本文在對張君勱社會主義思想的系統研究中，先不進行價值判斷，而是在現有研究成果的基礎上，沿著歷史的脈絡追尋張君勱社會主義思想演進發展脈絡，評估其思想史意義。根據不同專題和內容分別運用的背景分析、文本詮釋、橫向比較、縱向對比等方法進行以點帶面的綜合考察。加強對不同社會主義思潮之間及社會主義思潮與其他思潮之間的比較分析，對同一流派人物的民主社會主義思想的進行比較研究。拓展研究論域，深化自由主義者對社會主義理念認知的研究。

研究框架上，本文擬分五章，以張君勱政治活動和思想變化的軌跡為研究基礎，通過對其社會主義思想形成、發展及其內涵進行系統分析和詮釋，力圖對張君勱的社會主義思想進行全景式展呈。第一章主要考察張君勱留學日本時的憲政理想及主張、辛亥革命後的政治活動和早期國家建設的思考，通過這三個方面的系統梳理，全面把握其憲政立場和思想取向，審視張君勱最初的現代化立國思考，使之成為研究其社會主義思想的基礎。張君勱的社會主義思想形成於 1920 年代前後，始於觀察和借鑒德國魏瑪共和國所實施的民主社會主義，德國經驗雖然是影響張君勱關注社會主義最直接的因素，但張君勱社會主義理論的系統化得益於多方面的思想資源。因此，本文第二章除討論張君勱的社會主義選擇及其思想內涵外，還以他對拉斯基《政治典範》的譯介為例，透視其社會主義思想建構的學理依據。為了更具體和準確呈現張君勱的社會主義思想，本文第三章按時間順序，沿著其思想演進的內在脈絡，對張君勱在 1930 年代提出「修正的民主政治」、「國家社會主義」等主張進行合乎歷史語境的文本解讀和思想再現，並對其組建中國國家社會黨的政治參與和運作進行審視。第四章結合張君勱抗戰期間的政治活動，考察其憲政框架下的社會主義思考。抗戰勝利後，張君勱以中國民主社會黨為依託，力圖促成國共雙方用和平方式解決政治問題，希望走超越兩黨武力之爭的「第三條路線」。張君勱的社會主義思想緊扣中國政治的演進和國際潮流的變化，第五章主要討論旅居海外時張君勱結合儒家傳統和國際社會主義潮流的發展，審視東西文化的長短優劣，對社會主義未來的發展方向作出判斷。

第一章　問學與求索：張君勱早年的
　　　　言行志業

　　自鴉片戰爭以來，一系列對外戰爭的失敗，極大地挫傷了晚清知識分子的自信心和優越感，面對西方列強的入侵，「一國生事，諸國構煽，實爲數千年未有之變局。……炮彈所到，無堅不摧，水陸關隘，不足限制，又爲數千年來未有之強敵。」﹝註1﹞因此，尋求富強成爲當政者和知識分子的首要關注點。馮桂芬在《校邠廬抗議》中提出「採西學」和「製洋器」的建議，主張「以中國之倫常名教爲原本，輔以諸國富強之術」，﹝註2﹞希望以此力挽晚清廷危局，開啓了「中學爲體，西學爲用」的尋求富強歷程。到辛亥革命前後，被外敵所強加的國恥感不僅有西方列強，還有一向被視爲茸爾小國的日本。張君勱繼承晚清士人尋求富強的理念，所不同的是實現手段不限於「採西學、製洋器」，而是要通過民主政治來實現富強的目的。

　　1906年，留學日本的張君勱公開發表第一篇文章，即《穆勒約翰議院政治論》，表達自己最初的政治選擇——代議制，由此引申出對立憲政政治的訴求。從日本、英國等民主國家的經驗出發，憲政最重要的是要有憲法、有政黨，故張君勱隨後相繼發表《國會與政黨》、《論今後民黨之進行》、《省制草案》、《聯邦十不可論》等文章，或是討論國會與政黨的作用，或是從具體制度入手提出相應方案供社會參考，或是明確表達自己對聯邦制的否定。就這

﹝註1﹞ 李鴻章：《李文忠公全集・奏稿》卷24，沈雲龍主編：《近代中國史料叢刊》
　　　（續編）第70輯第691分冊，臺北：文海出版社，1980年，第11頁。
﹝註2﹞ 馮桂芬：《校邠廬抗議》，上海：上海書店，2002年，第57頁。

一時段的張君勱而言，民主憲政的指向是富強的實現而非民主政治的終極價值，或者說至少重點不是諸如自由、平等、人權等價值理念。受到「中體西用」思想的影響，清末多數新興知識分子對西方文化的立足點仍未能擺脫「器」、「用」的功利性思維，憲政儘管是學習的對象，但它被賦予的意義是實現富強的工具，因爲他們深信西方的富強蘊藏於民主憲政中。尤其是被視爲儒家文化圈內的日本，通過傚仿西方立憲政治而迅速崛起，憲政被絕大多數知識分子視爲富強的唯一藥方。張君勱的立場也不例外，他 1913 年流亡德國所發回的一系列通信文章，除戰況介紹外，多關心戰時各國的銀行運作、公債發行及其原理、租稅徵收等，目的是爲中國的富強提供借鑒。張君勱此時的思想指向是尋求富強，對後來轉向追尋民主和社會主義的重要意義主要有兩點：一是自由主義價值取向的形成；二是民主憲政學理基礎的奠定。在張君勱後來政治主張中，無論是進行憲法的草擬工作，還是組建政黨的政治活動，皆得益於早年的基礎。

第一節　留學日本時的憲政理想與主張

　　張君勱成長和求學歷經了張灝先生所說的轉型時代，幼年接受傳統教育，12 歲入廣方言館。〔註3〕「學而優則仕」的傳統價值在晚清危局中被衝得支離破碎，清庭宣佈廢除科舉制度後，知識分子與朝廷制度的關聯隨之被切斷，「仕」不再是知識分子的唯一出路，新式學堂紛紛興起，並成爲舊式士紳向現代知識分子轉型的平臺。1902 年，剛考上秀才的張君勱，於第二年春進入上海「震旦學院」學習，後因付不起高昂的學費而轉入南京高等學校，又因爲參加「拒俄義勇隊」而被校方強制退學，此後張君勱曾有留學日本的想法。日本先敗中國，再敗俄國，其迅速崛起之道成爲國人競相學習的對象，一時掀起留學日本熱潮，目的在於「取經東洋，力省速效」，試圖找到應急藥方，以應對中國困境。張君勱的留學願望因經濟原因和家人反對而作罷，繼而轉赴湖南長沙、澧州、常德等地中學教英文。1906 年，獲選爲家鄉寶山縣

〔註 3〕廣方言館的授課方式是四天英文三天國文的半西半中模式，英文課程包括文法、數學、物理化學等；國文主要研讀「三通」(《通志》、《通典》、《文獻通考》) 及傳統典章制度。從個人興趣出發，張君勱還涉獵了《近思錄》、《資治通鑑》、《日知錄》、《曾文正公全集》等典籍。參見張君勱：《我的學生時代》，載《中西印哲學文集》，臺北：學生書局，1981 年，第 164 頁。

的官費留日學生，終於如願以償，赴日本留學，開始尋求立國之道的求索歷程。

一、心儀代議制民主

戊戌變法失敗，在變革制度的強烈訴求下，西方民主制度成為最好參照，至於如何實現這一目標，則有以梁啓超和孫中山為代表的立憲和革命兩種路徑，留學日本早稻田大學的張君勱則給出代議制民主的方案。早稻田大學是日本傳播西方思想的前鋒，張君勱最早接觸西方民主政治也始於這一時期。〔註4〕1906年，張君勱在《新民叢報》上發表《穆勒約翰議院政治論》，並結識與他一直保持師友關係的梁啓超。在編譯密爾（John Mill）《代議制政府》（Considerations on Representative Government）而成的《穆勒約翰議院政治論》一文中，張君勱通過民主的保護性功能和教育性功能對代議制缺陷進行審視，思考實施憲政民主制度條件，對民主制度進行證成。〔註5〕張君勱為什麼會選擇密爾的代議制？他最感興趣的是哪些方面？哪些觀點為其後來的民主思想奠定了基礎？

據張君勱自述，他在「留學日本時，讀威爾遜《國家論》、蒲徠士《美國共和政治》、陸克氏（洛克）《政府論》、彌兒氏（密爾）《代議政治論》與安森氏《英國憲法及其慣例各書》。」〔註6〕也就是說，洛克、盧梭等西方政治思想家都對他產生過重大影響，但選擇編譯密爾的《代議制政府》來表達民主訴求，顯然是經過精心考量的結果。最早提出代議制民主的是洛克，在《政府論》下篇中，他圍繞人民主權、政府的性質和功能等對代議制民主進行闡釋。在洛克看來，政府是為保護社會成員的生命、財產和自由等權利而組建的，因此，政府必須為社會成員的權利提供保障；從人民主權和立法至上的原則出發，合法的政府權力必須來自於人民的委託，「當立法者們圖謀奪取和破壞人的財產或貶低他們的地位使其處於專斷權力下的奴役狀態時，立法者們就使自己與人民處於戰爭狀態，人民因此就無須再予服從，……人民享有

〔註4〕關於張君勱自己對其民主憲政思想的追憶，可參看《我從社會科學跳到哲學之經過》，《再生》1935年第3卷第8期；《中華民國民主憲法十講》（自序），上海：商務印書館，1947年。

〔註5〕參見翁賀凱：《張君勱憲政民主思想的起源——以〈穆勒約翰議院政治論〉為中心的考察》，《清華大學學報（哲學社會科學版）》2008年第5期。

〔註6〕張君勱：《中華民國民主憲法十講》（自序），上海：商務印書館，1947年。

恢復他們原來自由的權利，並通過建立他們認爲合適的新立法機關以謀求他們的安全和保障。」〔註7〕

《代議制政府》是密爾表達其自由主義民主理念的代表作之一。在對民主政治的正當性論證問題上，與古典自由主義不同，〔註8〕密爾從功利主義的角度認同個人自由和個體價值，但個人自由的限度是不能損害國家、社會和他人的利益。爲保障大多數人的利益，同時使政府不墮落爲少數人或個別階層牟取私利的機構，必須引入民主制度，讓人民有機會通過選舉表達自己訴求的機會。從功利主義出發，對人民負責的政府是密爾代議制理念的一個重要範疇，政府不僅要考慮人民的利益，追求人民的福祉，而且還要求政府對人民解釋、說明其行爲的目的、根據及結果等。密爾認爲，民主制度能夠最好地促進公民美德和智力發展：一方面，民主制可能促進一種積極、進取、奮鬥的民族性格；另一方面，民主是公民教育的最佳方式。〔註9〕

然而，一項制度好壞僅停留在觀念上還不夠，還必需具有可操作性。就制度的可操作性而言，盧梭認爲主權在民，不可讓渡，也不能被代表，故要求直接民主。〔註10〕但這種直接民主只能在城邦國家實現，對迫切需求民主政治以應對危機的中國而言，顯然不能採用這種方式。針對直接民主理論在現實政治中的困境，密爾的代議制爲張君勱提供了解決中國問題的思考方向，密爾指出：「顯然能夠充分滿足社會所有要求的唯一政府是全體人民參加的政府；任何參加，即使是參加最小的公共職務也是有益的；這種參加的範圍大小應到處和社會一般進步程度所允許的範圍一樣；只有容許所有人在國家主權中都有一份才是終究可以嚮往的。但是既然在面積和人口超過一個小市鎮的社會里除公共事務的某些極次要的部分外，所有的人親自參加公共事務是不可能的，從而就可得出結論說，一個完善政府的理想類型一定是代議

〔註 7〕 〔英〕洛克：《政府論》（下篇），葉啓芳、瞿菊農譯，北京：商務印書館，2005年，第 80 頁。

〔註 8〕 「天賦人權」是古典自由主義通用的論證邏輯，即個人的生命、自由和財產是與生俱來的基本權利，這些權利不可讓渡和剝奪，政府存在的目的就在於保護個人的基本權利，爲人們的共同生活提供安全保障。

〔註 9〕 李強：《自由主主》，長春：吉林出版集團，2007 年，第 202～205 頁。

〔註 10〕 〔法〕盧梭：《社會契約論》，何兆武譯，北京：商務印書館，2003 年，第 120～121、123 頁。

制政府了。」〔註11〕在代議制民主下，人民對國家政治的參與不是全面性的和經常性的，而是根據主權在民的原則，經相應程序選舉代表並將權力委託給他們行使。間接民主既具有切實可行，包容性強的特點，也具有保障自由，防止多數暴政的功能。〔註12〕相對而言，密爾的《代議制政府》對民主不但具有學理論證，更重的是容易進行可操作的制度設計。近代民族國家，版圖較大和人口眾多，不可能全體人民參加政府管理，那麼既要堅持人民主權的原則，又要考慮領土較大國家的條件，代議制政府成為絕大多數民族國家的理想選擇。「如果說古代民主是城邦的對應物，那也就是說它是『直接民主』，而我們如今已不可能親身體驗那種希臘式直接民主了」，「以個人參與為基礎的民主只有在一定條件下才是可能的；而相應的是，如果這些條件不存在，那麼代議制民主就是唯一可能的形式」。〔註13〕張君勱選擇密爾的《代議制政府》作為譯介和表達民主主張，也是居於對這些問題的考量，中國地域廣大且人口眾多，從制度運作審視，代議制應無疑是最好的選擇。

「《穆勒約翰議院政治論》的編譯是張君勱在深刻體認了西方古典自由主義的智識成果，把握了中國政治情景下所作出的一種文化選擇。」〔註14〕張君勱精心選擇密爾《代議制政府》的直接目的應是為立憲論證提供理論支撐，因為當時清廷正準備預備立憲，但守舊派不願放棄既得利益而反對立憲，革命派主張徹底革命而不看好立憲。張顯立憲政治的優勢，不但要從理論上揭示專制的弊端，還要從制度建設上論證民主的可行性。但代議制是一種制度形式，而立憲是實現民主的方式，二者顯然不能等同，張君勱寫作時是否視「代議制」與「立憲」為同一個事物的不同表述？從編譯的行文中可能看出，張君勱顯然明白二者的不同，密爾的《代議制政府》主要是對民主制度的證成，那麼張君勱是如何從民主制度的證成轉向立憲論證的借鑒資源呢？他先認同密爾的代議制是最好的政體，「代議政治，操主權者民」，「且代議政體，

〔註11〕 〔英〕密爾：《代議制政府》，汪瑄譯，北京：商務印書館，1984 年，第 55 頁。

〔註12〕 劉軍寧：《直接民主與間接民主：近義，還是反義？》，參見《直接民主與間接民主》，北京：三聯書店，1998 年，第 36～52 頁。

〔註13〕 〔美〕喬‧薩托利：《民主新論》，馮克利、閻克文譯，北京：東方出版社，1998 年，第 314、318 頁。

〔註14〕 施建興：《20 世紀前半葉憲政「中國化」的文化探索》，北京：中央編譯出版社，2011 年，第 45 頁。

世之所稱爲良制也。」從張君勱最早編譯密爾的《代議制政府》來看，青年張君勱從對政治產生興趣起，就具有了注重理論與實踐結合的思考，重視從思想理論到現實制度的可操作性。

基於這一思考，密爾的代議制理論中最爲張君勱欣賞的有兩點：第一，代議制民主比其它任何政權形式都可能最大限度地保護公民的利益，保護社會的福祉；第二，能夠較好地「促進人民本身的美德和智慧。」關於代議制有利於保護公民的利益，張君勱結合對中國社會的觀察認爲，「在立憲公治之國，無一人爲無保障法律之責」，而「以潔身自好之主義，措社會之隱患於不問，是蓋置所當爲而不爲之過也。」內憂外患的中國，「日夕惟刑憲之是懼，又安敢放言高論，思自效於國家前途，則其國民之思想活動，又安有進步之可期」，長此以往，必成一麻木不仁之世界。對比東西方經驗和密爾的論述，張君勱認識到，「是故處專制之國，其所謂學術者，冥思妄索，學者娛樂之具而已。所謂宗教者，君主服從其人民之利器，使益趨於狹隘之自我主義而已。所謂政治者，奉行故事，官吏經驗之成例而已。所謂生活者，智力之用無所施，惟逐逐於物質上之快樂以適一身而已」。張君勱還注意到，密爾提出代議制的根本理由在於：「（一）凡權利必以自力自保，乃得安全；（二）社會之旺盛，隨其智力之發達，而大增進。」立憲之益，在上有監督之機關，在下有言論之自由；國民有爲議員之權，有選舉之權，國與民之關係，益臻密切。在代議制民主下，「凡憲法既定，人民權利之確保，各得安心活動之自由，以致社會個人之進步；人民既享有議政之權，自然熱心於各般事業，即一市一邑，亦迥非專制國之比，而其理亂之狀態自異」。〔註15〕

代議制民主制的教育性功能是其他任何制度所無法比擬，它提供了一種比其他任何制度都能促進人進步的機會，「好政府的第一要素是組成社會的人們的美德和智慧」。專制制度最不能容忍的缺點就是扼殺人民的智力發展，雖然專制制度也曾在一定時期促進了社會的發展，比如中國，「但是一經達到那種程度以後，由於缺乏精神自由和個性，」中國的發展便「永遠停止下來了」。〔註16〕而民主制則可能促進一種積極、進取、奮鬥的民族性格，同時，民主

〔註15〕張君勱：《穆勒約翰議院政治論》，《新民叢報》第 4 年第 18 號，1906 年 11 月 1 日。

〔註16〕〔英〕密爾：《代議制政府》，汪瑄譯，北京：商務印書館，1984 年，第 25～26、34 頁。

是公民教育的最佳方式，民主制度往往比單純的道德說教更有助於提高公民的道德水平。對此，張君勱深爲認同，「久處專制之下，感情思想，不出個人家庭之間，雖視鄰人如敵國，況於社會上相與共事者乎，英美之民，何以冒險進取聞於世界？曰自由活動之效，隨社會公共之道德而增進者也」。民主制度如此之好，如何實現這種代議制民主呢？「立憲」這一理念的出臺也就順理成章了。在論及專制君主制時，張君勱提出「立憲」的主張：「夫專制之弊既若彼，而其終於必革也又若此，則二十世紀之列國，其必盡趨於立憲者」。立憲是世界發展潮流，立憲的目的是限制君權以彰顯民權，在民眾知識文化水平參差不齊且久困專制的情況下，「則莫如其君主於憲法上有無限之權設爲種種方法，使劣者進而爲優，更於優者予以議事之權，使發揮其能力，而裁決則聽之國王，如是則融和二族而舉國民代表之實，或不遠乎。」〔註 17〕中國恰好與這種情形相吻合，在中國進行立憲改造也就具有可能性。立憲的最終指向是民主政治，通向這一目標的選擇在當時還有另一條路徑，即革命黨人主張通過暴力革命的方式推翻現政權，然後再建立代議制政府。張君勱與其他立憲黨人一樣，不同意血雨腥風暴力革命，而主張漸進改良。立憲一方面可以安撫即將被廢棄的皇族，減少改革過程中的反彈力量，另一方面又能完成從專制到民主的過渡。這一理性認知，大致奠定了張君勱一生的憲政取向，即以緩進改良的方式實現中國由傳統向現代轉型，以至於有學者稱「張君勱的立憲主張從他撰寫第一篇論文《穆勒約翰議院政治論》起就不曾發生過任何蛻變」。〔註 18〕

　　無論理論如何深刻，任何制度都不可能做到完美無缺，代議制也同樣如此。密爾作爲一個成熟的自由主義思想家，其理論深刻之處還在於他充分意識到代議制政府的局限性。密爾指出，代議制本身也存在眾多的缺陷和弊端，如「智識之程度低劣」和「階級利害之偏私」導致的階級立法等。〔註 19〕就「智識之程度低劣」產生的弊端，密爾指出：「現代文明的代議制政府，其自然趨勢是朝向集體的平庸，這種趨勢由於選舉權的不斷下降和擴大而增強，

〔註 17〕 張君勱：《穆勒約翰議院政治論》，《新民叢報》第 4 年第 18 號，1906 年 11
　　　　 月 1 日。（以上引文未注出處者，皆出於此文。）
〔註 18〕 黃克劍：《志在儒行，期於民主》（代序），《張君勱集》，北京：群言出版社，
　　　　 1993 年，第 12 頁。
〔註 19〕 張君勱：《穆勒約翰議院政治論》，《新民叢報》第 4 年第 18 號，1906 年 11
　　　　 月 1 日。

其結果就是將主要權力置於越來越低於最高社會教養水平的階級的手中。」〔註20〕代議制民主的一大特點是選舉權的擴大與普及，但選舉權的擴大勢必會使得那些受到教育較少、智力水平較低的人進入議會，從而使權力掌握在那些教養水平和智力程度較低者手中，因此密爾強調將受過文化教育作爲選舉權的一個根本條件。張君勱雖然在編譯時對此選擇略過，但從其後來的相關活動和論著中可以看到他對密爾這一觀點的認同，他於1920年代創辦國立政治大學，目的就是培養政治人才，提高國民政治素質。在《民主獨裁以外之第三種政治》、《民主社會主義之哲學背景》和《中華民國民主憲法十講》等論著中，他曾多次強調提高國民智識、道德、活動能力和改良社會心習、民族文化傳統是實現民主政治的基礎。在談到與選舉相關的政治實踐時，張君勱也多次提出要將識字作爲參與選舉的條件之一。〔註21〕關於「階級利害之偏私」導致階級立法，密爾指出，「一個人或一個階級的人，一發現他們手中有權力，這個人的個人利益或這個階級的獨有的利益就在他們的心目中具有更大的重要性」。不僅專制君主和貴族爲了自己的利益會有階級立法的危險，即使多數人統治的民主制，執政者也會利用手中權力，謀求自己階級的利益，從而產生階級立法，「只要他們擁有一切權力的時候就會發生一股逆流，凌駕一切的人們，不管他們是一人還是少數幾個人或是多數人，就不再需要理性的武器了，因爲他們能使他們的單純意志佔優勢。」因此，密爾提出，「任何階級，或是任何可能聯合起來的階級聯合，都不應該在政府中發揮壓倒一切的影響。」〔註22〕在代表制度的安排上使每一方在議會內保持大致相同的票數，從而達到相對的平衡。張君勱對此也深有體會，「是故於如是之一國，則其最良之代議制應如是，平分其議員爲二部，而二部之上，各有其贊成附和者，而其人必須顧全公益，主持正論者，如是，則兩黨之議之行與不行，皆視此公正無私者爲輕重，而所謂全國國民之利害，殆近之乎。」〔註23〕

〔註20〕 〔英〕密爾：《代議制政府》，汪瑄譯，北京：商務印書館，1984年，第112頁。

〔註21〕 參見張君勱：《民主獨裁以外之第三種政治》，《再生》1935年第3卷第2期；《對於廣西設立國民中學之短評》，《宇宙旬刊》1936年第4卷第9期；《民主社會主義之哲學背景》，《再生》1948年第221～225期；《中華民國民主憲法十講》，上海：商務印書館，1947年，第50～51頁。

〔註22〕 〔英〕密爾：《代議制政府》，汪瑄譯，北京：商務印書館，1984年，第96、139～140、98～99頁。

〔註23〕 張君勱：《穆勒約翰議院政治論》，《新民叢報》第4年第18號，1906年11月1日。

通過譯述密爾對代議政體缺點的理解，張君勱認為「代議政體最大的缺點有二：一是行政常為議會所掣肘，故有運轉不靈之困；二是代議政治操主權者民，故於三力（即智力、德力、活動力——引者注）不如專制政府能使為充分之發達。」由此，在實施憲法政治時，國民不得不負擔維持上下兩院的經費和負擔選舉與及其相關的一切費用；候補議員，要投入巨大費用以從事競選；同時，「選舉之際，舉官民狂奔於選舉，以此不可不消費幾多貴重之時間」；議會開會之時，上自國務大臣，下至全國出類拔萃之數百議員，耗費大量的時間和精力，以從事於此不生產之事業；國務大臣容易受制於議會而不能立遠大與機敏之外交政策，即公平之內治，亦有難行；議員之中有受賄，或為人所買者，每觸憲法政治之忌，而人民不可不受議會之害。編譯《代議制政府》，對民主憲政缺陷的認知，為張君勱奠定了民主政治的認識基礎，張君勱畢生堅持在代議制基礎上進行改良以尋求適合中國的立國之道，三十年代提出「修正的民主政治」，雖然很大程度上是受到當時世界政治經濟發展潮流的直接影響，但在密爾民主理論中無疑也可以找到相關理論淵源。

譯介《代議制政府》給張君勱的另一啟示是對聯邦制的認知，聯邦的成立，必須具備的條件有三：一是共同感情，即宗教、人種、言語、制度無所不同；二是各邦之兵力不可過強；三是各邦之權力不可大相懸殊。凡聯邦之組織有二，「第一各聯邦之議員，代表各政府，故凡制定之法律，頒佈之號令，有直接拘束其人民之效力」，1866 年前的德意志、1847 年前的瑞士就是採用這種方式；「第二聯邦議會，為各州政府之根本，於其權限內制定法律，全國人民對於中央政府而負服從之義務，但其執行，則使各邦之官吏自掌之」，即美利堅合眾國與瑞士聯邦的模式。張君勱這時對聯邦制並不太重視，認為聯邦制與中國政治「無直接之關係」，之所以譯述是因為「可窺英美二國之政治」。〔註 24〕

編譯密爾的《代議制政府》奠定了張君勱對民主認知和選擇的基礎，研究張君勱的學者薛化元指出，1920 年代之前，張君勱「無論在現實政治與政治思想方面，都尚未正式成為領袖人物。不過，此時他的思想已經展露出一些重要的特點，貫穿了他以後不同時期的主張」。〔註 25〕筆者也認為，在編譯

〔註 24〕 張君勱：《穆勒約翰議院政治論》，《新民叢報》第 4 年第 18 號，1906 年 11 月 1 日。
〔註 25〕 薛化元：《民主憲政與民族主義的辯證發展——張君勱思想研究》，臺北：稻禾出版社，1993 年，第 30 頁。

《代議制政府》過程中，通過對密爾代議政治的詮釋，體現出他主張和平改
良的方式進行政治變革的訴求，目標是實現民主政治，塑造現代民族國家。
其對憲政、法治和人權等民主思想的追求和討論爲日後民主憲政運動的開展
奠定了相應的思想基礎。「構成他思想基調的幾項基本概念多形成於早年，圓
融於成年之後，而一直信守至晚年，在留日時期，尤其體現在《穆勒約翰議
院政治論》一文中」。〔註26〕張君勱留日時期的思想和民國初期的行動脈絡顯
示，對他影響最大的是英美自由主義和憲政民主思想，從政治行動的脈絡看，
張君勱留日時期所從事的立憲改良活動與英美自由主義的要旨十分相契。

二、張君勱的立憲主張

如果說譯介《穆勒約翰議院政治論》奠定了張君勱對代議制的認知和憲
政理論的基礎，那麼，他在 1907 年發表的《國會與政黨》和《論民黨今後之
進行》兩篇文章中則開始形成自己的憲政理念。

（一）憲政與憲法

從制度邏輯上而言，應該是先有憲法而後有憲政，但就政治理論而言，
則是先有理想而後有組織，有組織而後有行動。晚清立憲政治源於學習西方
而非中國傳統的內在制度轉化，故在當時政治理想與制度論證並存，制度論
證並非純粹的學理探討，而是強烈的實踐訴求，憲政與憲法孰先孰後或者二
之間的關係等問題也鮮有人專門關注。張君勱也不例外，他對立憲表達了強
烈的關切，儘管並未就此有過系統論述，不過從其文章中還是可以尋找到相
關的看法。

在清末，不少主張立憲者並不明白如何建立眞正的憲政國家，有留學經
歷和出國背景者，多抓住西方國家某一側面或某一論據作爲主張依據，對立
憲的眞正價值和意義缺少深入認知，對立憲和革命可能出現的後果沒有理性
的估量，對西方政治制度背後的理論也缺乏必要的研究。張君勱留學日本期
間，正值立憲派與革命派就採取何種手段解決國內問題之際，雙方論戰延伸
到日本留學生群體，立憲派代表人物之一的梁啓超正避禍於此，革命黨人領
袖孫中山也時常出入於日本。張君勱追隨梁啓超，並成爲其得力助手之一，
雖在救國理念上認同梁的主張，但其學理視野已明顯直接投向西方的自由主

〔註26〕 江振勇：《張君勱》，臺北：商務印書館，1979 年，第 99 頁。

義。「革命派想要用流血的手段奪取政權，……對於西方代議制度下的政黨制度反而沒有特別的留意」。〔註27〕沉浸於西方政治的張君勱對此反而給已足夠的重視，他看到，英國的成功在於「善通舊制以適新需」，「西方政史上微言大義，一旦東來，每爲學者所附會」，「恐今後之革新，竟乃背於西方政治進化之成例，而不免爲昔日歷史一度之繅染」，「當今日活動準備之期，取西方先哲之說以爲國民鑒戒」。〔註28〕西方民主憲政的淵源雖可追溯到古希臘，而近代意義上的民主，則不外霍布斯、洛克、密爾、孟德斯鳩等人政治理念的實踐。洛克提出制衡之說，孟德斯鳩接而發揚光大，成爲近代西方各國政治框架的原型，而密爾代議制政府的制度設計則從洛克、孟德斯鳩的政治理論中找到了實現的方式。

立憲是實現代議制的有效途徑。然而，什麼是立憲政治呢？張君勱是這樣認爲的：「立憲者，國家機會（關）之行動出於國民代表之決議，而間接即爲國民多數之意旨，在此，雖其政府之運用不免於他機關之掣肘，而國民之能力必發達。」〔註29〕當時思想界也紛紛對「立憲」進行概念界定，「夫所謂憲者何？法也。所謂立憲者何？立法也。立憲國者何？法治國也。法治國者何？以所立之法，爲一國最高之主權之機關。」〔註30〕儘管在《國會與政黨》中，他對立憲的表達不是十分系統明確，但1907年的張君勱還是只是青年留日學生，他的論述無疑已經抓住了立憲政政治的基本要義，即通過制定憲法，實行議會政治，保護民權，限制君權，在憲法框架內現實民主政治。

實行立憲政治必然要追問何爲憲法？對於憲法的認知，梁啓超的界定可謂代表了當時思想界的認識水平，在梁啓超看來，憲法乃「立萬世不易之憲典，而一國之人，無論爲君主、爲官吏、爲人民，皆共守之者也，爲國家一切法度之根源。此後無論出何令，更何法，百變而不許離其宗者也」。〔註31〕1907年張君勱在《新民叢報》發表《論今後民黨之進行》，提出對憲法的認識，他認爲憲法的編定有出於欽定、有出於民約、有出於君民之約束，還有出於

〔註27〕張玉法：《清季的立憲團體》，臺北：中央研究院近代史研究所，1985年，第44頁。

〔註28〕張君勱：《穆勒約翰議院政治論》，《新民叢報》第4年第18號，1906年11月1日。

〔註29〕張嘉森（張君勱，下同）：《國會與政黨》，《政論》（上海）1907年第1卷第2期。

〔註30〕恨海：《滿政府之立憲問題》，《復報》1906年第1期。

〔註31〕梁啓超：《立憲法議》，《清議報》1901年6月7日。

聯邦之協議，雖各有差別，但「凡為立憲之國，其議會必具五種權利，國家根本法律修正之權利，一也；凡以法律之形式現者，必經議會之協贊，是之謂立法權，二也；條約承認權，三也。緊急勒令之事後承認權，四也；司法權，五也。」以英國的歷史考察，這五種權利「皆英國君民相爭之結果」。〔註32〕而當時中國，制度混亂不堪，且行政權限不明，「國民方面則以數千年之壓制全國人民習為趨避，故其利害計較所及，不出個人家族之間，而自治獨立之能幸以專制治下偷巧之餘地獨多猶未盡漸滅，然已摧殘殆盡矣」。〔註33〕同一時期，一位未署名的作者也指出，「憲政之能立不能立，則不繫乎政府，而繫乎國民。且並不繫乎今日之國民，實繫乎先民之政教。先民政教中，其猶有善因耶，則憲政必立，而吾國必強；其竟無善耶，則憲政必不立，而吾國必亡。」〔註34〕

梁啟超將政體分為專制政體、君主立憲政體和民主立憲政體。民主立憲政體，其施政方略，變數太多，選舉總統時競爭太烈；君主專制政體，則朝廷之視民如草芥，防之如盜賊，民畏朝廷如獄吏，嫉之如仇讎。這兩種政體都不是中國最好的選擇，「君主立憲者，政體之最良者也」。按照梁啟超的理解，「立憲政體，亦名為有限權之政體；專制政體，亦名為無限權之政體。有限權云者，君有君之權，權有限；官有官之權，權有限；民有民之權，權有限。」〔註35〕梁啟超對憲法和憲政的理解，可謂精確到位，但梁氏的立憲主張是期待君主定立憲法，自限權力，然後徐圖漸進。張君勱對此看得較為真切，他將世界政體分為專制和立憲兩種，「專制者，凡其國家機關之行動，出於君主一人之私意。而國民不得而干涉之，在此，雖其政府之運用獨靈而國民能力必多萎弱。立憲者，國家機會（關）之行動出於國民代表之決議，而間接即為國民多數之意旨。」〔註36〕在編譯密爾的《代議制政府》中，他就已經意識到寄希望於專制君主自限權力，無異於與虎謀皮，「設君主予民以出版言論之自由，許民以地方自治之權利，一切大政，付之大臣公議，如是，則二制不足以調和乎？曰：使一國而非絕對的專制，則所謂專制政體之利益

〔註32〕張君勱：《論今後民黨之進行》，《新民叢報》第 4 年第 23 號，1907 年 10 月 1 日。
〔註33〕張嘉森：《國會與政黨》，《政論》（上海）1907 年第 1 卷第 2 期。
〔註34〕佚名：《論立憲與外交之關係》，《外交報》1907 年第 167 期。
〔註35〕梁啟超：《立憲法議》，《清議報》1901 年 6 月 7 日。
〔註36〕張嘉森：《國會與政黨》，《政論》（上海）1907 年第 1 卷第 2 期。

已不可得。……如曰捨己從人，則其與立憲君主，又何以異！」然而這不過是單方面的理想罷了，根本不可能實現，是故「斷無於專制之上稍有增減足以繫人心而安國本者」。〔註 37〕如果以強力追求上述結果，只能採取革命一途，而張君勱又反對訴諸革命暴力，主張通過和平理性的方式進行改良。專制君主不能指望，通過考察近世各國立憲的原動力，張君勱提出「國民之能力增一度，則政府之壓制縮一度」，〔註38〕所以立憲的成功只能是國民能力的提高，不能寄託於善良政府的出現。善良政府無疑是絕大數中國人的期望，因而善良政府更多的被寄託於統治者的清明，張君勱強調，這種誤解的嚴重後果是國民不能成為公民，只能是順民、臣民，此外，「國民近數年來對於政府之思潮，一誤於純粹之服從，再誤於極端之排斥。」〔註 39〕故對政府寄希望於統治者一人的善良，而能有國泰民安，亦不是人民坐享其成，「所謂善良政府者，非曰一時施行之善良而已，必其民未來之智德活動之力，日益發達，然後其國乃能有進而無退。」〔註 40〕立憲派的領軍人物梁啟超主張在君主制的基礎上，通過君主定立憲法，自限權力，從而實現「君有君權」、「官有官權」、「民有民權」。同一時期，以革命相號召的孫中山也同樣認可立憲政治，但孫中山的憲政邏輯是通過暴力革命推翻清政府，再制定憲法，實行憲政。張君勱主張走和平改良的立憲道路，反對孫中山的暴力革命，也不贊成梁啟超寄希望於君主自限權力的看法，而是要求從提高國民素質的基礎做起，制定切實可行的憲法，實施憲政。青年張君勱對憲政的看法，立意雖不如梁啟超高遠，動員不如孫中山有力，但從可操作性和對憲政的實施認識而言，他的主張無疑更為理性和務實。

（二）立憲政治的實現條件

　　儘管當時人們對立憲的看法不同，但實施過程無非設議院、開國會、定憲法，最終實現立憲理想。然而這一理想不是隨便就能實現，張君勱看到，實行政體的立憲改良必須遵循的三個條件：（一）政體必與其國民之性情行

〔註37〕 張君勱：《穆勒約翰議院政治論》，《新民叢報》第 4 年第 18 號，1906 年 11 月 1 日。
〔註38〕 張君勱：《論今後民黨之進行》，《新民叢報》第 4 年第 23 號，1907 年 10 月 1 日。
〔註39〕 張嘉森：《國會與政黨》，《政論》（上海）1907 年第 1 卷第 2 期。
〔註40〕 張君勱：《穆勒約翰議院政治論》，《新民叢報》第 4 年第 18 號，1906 年 11 月 1 日。

誼，毋相鑿枘；（二）此政體之永續，必其民之行動力足以維持之；（三）凡消極積極之行為，政府之所需於民，賴此而後能善其事者，必為其民之所樂為，而力能任之。〔註41〕

　　實行立憲政治，國民必須滿足於一定的條件。國民野蠻落後，文化水平低，法制意識淡漠，或者是知識參差不齊等客觀因素都是立憲的障礙。首先，國民「草昧無知，固執舊習者，不足與言立憲」。強制推行憲政，不但憲政的優點發揮不出，反而突顯出種種缺點和弊端，成為國家進步的障礙。因此，「不如有聰明神武之王，屬行專制，促進其民進化之歷程，然後可徐圖其他」。其次，國民「野蠻暴橫，不識秩序者，不足言立憲」。在這種情況下，採用武力統治，都不一定能夠實現，更不要說法治。第三，如果國民「徒知服從」，也不足以言立憲。「被以仁術，則歌功頌德，施之虐政，則俯首帖耳」。「立憲之妙用，亦即在下者得其所以反對之途而足以自保」，「今以徒知服從之民，上而議院，下而輿論，欲其舉監督之實則甚難」。第四，國民之智識參差不齊，也不足言立憲。一國之中，因種族之不同，或因各地發展水平之不同，抑或其它原因，而導致國民程度各異。如果讓不同智識水平的國民一起議政，就面臨採納誰的意見的問題。「從其優者，則使劣者永沉淪於卑下之域。若曰從其劣者，則使優者長無進步之可言」。故於如是之一國，則莫如其君主於憲法上有無限之權設為種種方法，使劣者進而為優，更於優者予以議事之權，使發揮其能力，而裁決則聽之國王，如是則融和二族而舉國民代表之實。第五，保持地方思想者，不足立憲。「凡國民以社會狀況未臻完全之域，往往以地方精神之障礙，致生種種傾軋扞格之心，故有名雖為國，而實際非能成一共同之團體者也，聞之亞細亞之間，有國焉，其於一村一鄉，往往有能舉民主政治之實者，然鄉以外，或鄉之與鄉，其間利害關係，每多置之不問，是蓋觀察一國公共之利害，素無其習慣，並無其智慧也」。第六，功名心過重者，也不足言立憲。「凡國民好居治人之地，不甘為人下者，則其國立憲之治，未易發達」。〔註42〕

　　中國民智未開，地方紳權勢力強大，數千年來，「除孔孟之書，不知有所

〔註41〕張君勱：《穆勒約翰議院政治論》，《新民叢報》第 4 年第 18 號，1906 年 11 月 1 日。

〔註42〕張君勱：《穆勒約翰議院政治論》，《新民叢報》第 4 年第 18 號，1906 年 11 月 1 日。

謂學術，除一姓興亡，不知有所謂政治，除居族而居，不知有所謂家庭，除耕田鑿井，不知有所謂生計」。〔註43〕就這些情況而言，在中國實行立憲政治，確有現實困難，但張君勱並未因此反對實施憲政。立憲救國雖千端萬緒，然不出二者：一在國家機關；二在國民。國家方面，「改造今日之政府為統一敏活之政府，以內整齊全國行政，外抗列國之競爭」；國民方面，「改造今日之國民為獨立自治之國民，以內充實國家之分子，外使馳驅於世界，換言之，則首求國家機關之統一，次求國民能力之發達」。〔註44〕

　　張君勱強調國民心理對立憲政治的重要性，「凡一國家之現象亦求其根據於個人，內部之心理可耳」。國民心理包括監督政府的能力和參與政治的覺悟，「近世英法革命告成，於是個人自由之基礎固，政治權力之分配均，蓋自是國民之於國家乃始，為其法理的構成分子，國家之於國民乃始為其合成人格矣。……然以國民多數之醒覺，則雖以雷霆萬鈞之力莫由制之，此無他心理之變遷積於中而發於外耳」。張君勱考察世界各國從專制到立憲的歷史，不是政府自願放棄專制，而是人民奮力爭取的結果，立憲政治的實現，「使非吾民之力足陷政府於重圍，則萬勿望其誠心誠意以畀諸我也。」國民心理之發達雖其物多端，而其最強者不出二物：曰輿論曰政黨。輿論者，一國中多數國民之公論也；政黨者，國民之結合而求其意見之實行者也。張君勱認為此二者，皆當專制之既窮而一部分之國民起而唱言反對，於是自其所發表之意見則名之曰輿論，自其所結合之團體則名之曰政黨。今歐美列國其所以脫離舊態而成今治者，此二者之為用獨多，故其諺曰：「民之聲，神之聲也，政黨者，第二政府也。」〔註45〕

　　就制度而言，議會是立憲的核心，因為議會是國民分享治理國家的權力，實現國民權利的管道。1907 年，清廷下令籌設資政院及各省諮議局，並準備設立各府州縣議事會。儘管立憲開始邁向設議會的關鍵一步，張君勱還是看到清廷當局抱殘守缺的一面，「以為世界之學問盡是復凜於君臣之大義而不敢昌言」，甲午戰敗後情況稍有轉變，「以海外學生電請力爭密約，以內地紳商干與外交要務」，民意稍得參與，然頑固不化者猶欲以壓抑之策彌縫一時。憲政的一大特點是各種勢力可以通過議會表達自己的利益訴求，故言論自由尤

〔註43〕張君勱：《懸擬之社會改造同志會意見書》，《改造》1921 年第 4 卷第 3 期。
〔註44〕張嘉森：《國會與政黨》，《政論》（上海）1907 年第 1 卷第 2 期。
〔註45〕張嘉森：《國會與政黨》，《政論》（上海）1907 年第 1 卷第 2 期。

為關鍵。張君勱強調中國今後的演進應效法歐美各國言論自由,「以法律許可國家行政,畀民以監督之權,於是其所願所欲者,得根據法律以反映於議會,抑於總選舉總投票得屹然立於各般權力之上,而為一切問題解決之最終地盤。」中國始終未能突破言論自由的樊籬,原因在於政黨的缺失,「專制國之政府非萬不得已,必不甘一日棄其所憑藉以讓之人」,自甲午戰爭以來,「吾國言論之所有事者,皆不過消極之禁止而合大團體提出條件以要求政府之實行者」。國家組織之根本改革必須以多數國民為之後援,不能對專制政府抱以僥倖心理。「憲法政治,果也,政黨花也,世界從無無綻花而可以獲果者,又豈有無政黨而憲法政治可希冀者,反言之,世界無無政黨之立憲國亦無有政黨之專制國。」國民請願或者少數人為民請命,這種輿論作用誠為救時之不二法門,但從長遠和深層次考慮,「合大群以動政府以訴於國民」,還需政黨的出現,「輔助輿論以成其競爭之功,故其第一級之大用則在要求逮憲法政治成立;則於議會於選舉又代表輿論以參與國家行政,故其第二級之大用則在監督。……雖然吾輩組織政黨之目的,非曰圖民權發達之圓滿,惟期其國家藉是而幸免於亡,故今日當前一大問題,則在合輿論與政黨之力,以達於政黨活動之次期」。〔註46〕

梁啟超的看則法略有不同,梁氏認為,「人民之是否能監督政府,但視政府官吏的政治道德而定。如果政府官吏不講求政治道德,人民的程度再高,亦是督不勝督,監不勝監。換言之,只要政府官吏重視操守,即使人民程度稍有不逮之處,議會政治仍是可行的」。〔註47〕人民程度的不足可以在開國會進行補救,因為開國會後必然產生政黨,政黨可以起到培養國民的作用,「務所以進取國民程度而長之者……則惟政治團體,用力常最勤而收效常最捷也」;「政治團體者,常從種種方面以訓練國民」。〔註48〕梁啟超是立憲派的理論家,很大程度上他的言論引導著立憲派的行動,張君勱也視之為師,但在立憲問題的很多理念上,張君勱還是根據自己的思考提出相應的主張。他提出「凡國會初開之國,不患民黨無可以監督政府之途,特患其民黨能力之幼稚不足以盡監督政府之實耳」,〔註49〕這一論調明顯異於梁啟超的觀點。

〔註46〕張嘉森:《國會與政黨》,《政論》(上海)1907 年第 1 卷第 2 期。
〔註47〕張朋園:《立憲派與辛亥革命》,長春:吉林出版集團,2007 年,第 38～39 頁。
〔註48〕梁啟超:《論政府阻撓國會之非》,《國風報》1910 年第 1 年第 17 期。
〔註49〕張君勱:《論今後民黨之進行》,《新民叢報》第 4 年第 23 號,1907 年 10 月 1 日。

（三）開國會

張君勱不贊成使用暴力手段反對專制，認爲召開國會制定憲法才是最好的理性選擇。在 1907 年撰寫的《國會與政黨》一文中，他明確指出，「以吾今日國情，誰謂有捨君主立憲而可以達改良政治之目的者，又誰謂不立憲不開議會而可以達改良政治之目的者，是則要求憲法發佈也，要求國會開設也，正乃四萬萬人共負之天職，不得漫爲反對」。〔註50〕對開國會問題，立憲派主張基本一致，認爲當前「中國的局勢十分危急，外則有列強之蠢蠢欲動，瓜分之危，危如累卵，內則有革命黨之活動，日益激烈」；「惟有要求政府立即召開國會，對外以示團結，對內收拾人心，既可以免瓜分，又可消除革命」。〔註51〕至於是緩開還是速開，立憲派內部並未完全達成一致。

張君勱贊同密爾關於立憲的國民條件，即德力、智力與活動力。「所謂德力者，不爲威迫，不爲利誘，國民之舉代表也依此，代表者之議事也依此，然後其政之行，乃能一秉至公，而無絲毫偏黨之風；所謂智力者，國於世界，有內政焉，有外交焉，若是者，非明悉彼我之關係，則其贊成議決，未必其眞能應於國內之需要與國際之位置焉；所謂活動力者，凡海外工商之競爭，國內之企業，國民能自爭先恐後而無待政府之干涉指導。」〔註52〕滿足這三者是實行立憲政治的條件，但就中國情況而言，張君勱認爲不必等到國民權利觀念發達，只須其能反抗專制政府，便可召開國會，實行立憲政治。結合這些具體情況，張君勱認識到，主張速開者以爲國會一開便萬事大吉，對開國會可能產生的負面影響，缺乏深入的理性思考和應對措施；主張緩開者往往以民眾的知識程度爲藉口，並未理解在通往立憲政治之途中，教育能否眞如其所設想那樣立竿見影。張君勱提出了兩者都忽略的問題：（一）今日國民猶未能以沉著之思想，研究政治問題；（二）內閣與議會之衝突頻頻，致內閣時時更迭；（三）政黨之未發達未統一，必常爲政府所利用；（四）不患多數人之程度不足，只患少數人之不能團結以監督政府；（五）不患少數人智識程度不足以議事，只患少數人未慣於多數政治。要解決這些問題，今後數年必須切實施行「練習議政，以造就人民政治的習慣」，此外，還要「統一輿論，

〔註50〕張嘉森：《國會與政黨》，《政論》（上海）1907 年第 1 卷第 2 期。
〔註51〕張朋園：《立憲派與辛亥革命》，長春：吉林出版集團，2007 年，第 53 頁。
〔註52〕張君勱：《論今後民黨之進行》，《新民叢報》第 4 年第 23 號，1907 年 10 月 1 日。

以養成強有力之監督機關」，以此培養立憲國家之基礎。〔註53〕張君勱主張在開國會之前，要對當前的具體政治問題進行深入研究，比如內閣與議會之間的衝突，人們不習慣多數政治等。

張君勱主張開國會的審慎考慮與清廷主張緩開國會不同，清政府提出緩開的根本原因不是出於國民準備不足的考慮，而是居於自身利益的考量，一方面希望響應立憲的要求，答應召開國會以緩和革命高漲的形勢；另一方面則以緩開的方式，盡量拖延立憲，最大限度地保住滿清皇族利益。張君勱主張審慎考慮開國會並非根據政府的好惡或是自身的榮辱考慮，而是根據他對中國社會觀察的理性思考。他曾在《國會與政黨》中批評清政府提出「預備立憲」的說法，「欲立憲則立憲矣，何必曰預備，何必曰能力不足，……凡欲立憲之國民必有表示其決心之團體，此團體且不備，則吾民誠將何以難吾政府，吾國民其終甘受此言而不起哉！」〔註54〕在《論今後民黨之進行》一文中，張君勱進一步指出立憲的意義：「夫始敗而終勝者，要求立憲國民也，始勝終敗者，抵抗立憲之政府也」。〔註55〕

相對而言，革命派更多地關注「排滿」，將政治制度的民主化視作「排滿」的必然結果，張君勱對於民族革命與政治革新的認識，更關注國民素質在民主政治進程中的作用又有相應的合理性。張君勱主張立憲並非與革命黨人水火不容，只是所採取的手段不一樣罷了。革命黨人雖暫時掌握大局，其勢雖盛，但之前過於強調革命而忽略憲政的制度化認識，以至於對革命後如何重建社會秩序缺乏綜合考量，導致後來社會長期處於失範狀態。當然，由於張君勱早年缺乏社會歷練，雖對社會問題認識比較準確，針對實際問題提出的解決方案難免充斥書生意氣，但他主張憲政民主的目標須以營造現代議會政治為手段，卻一直伴隨著民國政治的演進和發展。

第二節　辛亥革命後的政治活動

編譯《代議制政府》體現出張君勱從理論上對民主的重視，然而，僅有理論還不夠，理論自足必須要落實於現實政治活動中，民主的價值才能得以

〔註53〕張君勱：《論今後民黨之進行》，《新民叢報》第 4 年第 23 號，1907 年 10 月 1 日。

〔註54〕張嘉森：《國會與政黨》，《政論》（上海）1907 年第 1 卷第 2 期。

〔註55〕張君勱：《論今後民黨之進行》，《新民叢報》第 4 年第 23 號，1907 年 10 月 1 日。

彰顯。因此，張君勱在實踐層面對政黨及其活動亦十分重視。梁啓超籌組「政聞社」並發起憲政運動，張君勱便爲骨幹之一，並一度代表梁回國從事立憲活動。〔註56〕他意識到政黨是民主憲政的必由之路，「憲法政治，果也；政黨，花也。世界無無綻花而可以獲果者，又豈有無政黨而憲法政治可希冀者？」中國無政黨，「於今日，必不能推倒此專制政治，於將來，必不能舉立憲政治之實」。所以他主張建立政黨，認爲「國家存亡，在此一舉」。〔註57〕爲了系統瞭解張君勱從事的政黨活動，本節首先將詮釋張君勱的政黨觀念，然後再進行深入討論組建共和建設討論會和民主黨的具體活動。

一、張君勱早期的政黨觀

　　政黨是近代民主政治興起的產物，最先產生於 17 世紀的英國議會中，故英國是議會體制內政黨政治的典型，也是近代中國人移植西方政黨制度的藍本。鴉片戰爭前後，魏源、徐繼畬等人最早引入西方民主政治制度的信息，洋務運動期間，隨著赴歐美人員逐漸增多，議會制度、政黨政治和政黨觀念開始輸入中國，並在一定範圍內得到傳播。甲午戰爭失敗後，日本借鑒西方民主政治變法成功成爲中國知識分子效法的榜樣，西方政治思想也借佳報紙、學堂、學會等大量輸入中國。政黨也與立憲一樣，被當作救國良方引入。加之清政府在內外交困的情況下，頒佈一系列發展經濟、改革政治的措施，宣佈實行預備立憲，推動政黨觀念在中國的傳播。

　　將政黨作爲政治知識的認知開始轉向作爲表達政治訴求的手段，革命派採用秘密會黨的形式組建「政黨」；以梁啓超爲代表的立憲派則尋求公開、合法的途徑組建政黨。他們在《新民叢報》上發表大量介紹西方政黨活動和闡述政黨理論的文章，主張「光明正大、手段和平」，「以改良政治爲目的」，要求移植西方和日本的政黨制度，提出「中國之存亡繫於政黨發生與否」，「非立大政黨不足以救將亡之中國」。〔註58〕

〔註56〕張君勱：《我們選舉徐傅霖先生競選副總統》，《再生》1948 年第 210～211 期。

〔註57〕張嘉森（張君勱）：《國會與政黨》，《政論》1907 年第 2 號。

〔註58〕與之：《日本之政黨觀》，《新民叢報》1906 年第 4 卷第 15 號；《論中國現在之黨派及將來之政黨》，《新民叢報》1906 年第 4 卷第 20 號。此外，較具代表性的是梁啓超和羅普，他們分別對政黨的定義、特徵、利害作了分析。詳見梁啓超：《新民說》，《新民叢報》1902～1903 年各期連載；羅普：《政黨論》，《新民叢報》1903 年第 25～41 號。

　　在政黨成爲知識分子眼中民主演進的潮流時，接受了密爾代議制民主理念的張君勱又是如何認識和看待政黨呢？針對當時思想界眾說紛紜的現狀，張君勱提出，「國民近數年來對於政府之思潮，一誤於純粹之服從，再誤於極端之排斥」。無論是服從還是排斥，都缺乏理性的考量，也會妨礙立憲政治的實現。作爲民主政治不可缺少環節的政黨，是構成民主政治的基本要素。在議會民主制下，政黨有朝野之分，多數派與少數派之別，且不時更換角色，使政府權力和平有序交接。政黨的出現，選舉的擴大，成爲民主改良與漸進發展的最好方式。「政黨以對待政府爲惟一之目的，然其所以能對待政府，則又在以國民爲後援，故當政黨發軔之始，必以振起國民政治上之熱心爲惟一事業。」〔註59〕

　　「政黨者應於輿論之必要而生，而亦復將以造輿論者也，今者朝野上下於立憲之所以未能實行，咸藉口於程度問題」，儘管國民的政治能力，的確制約著憲政的發展，但中國「經專制之既久」，不能寄希望於國民政治水平提高到與民主國家相等的程度再進行立憲。〔註60〕張君勱引伯倫知理（J. K. Bluntschli）的看法來表示他對政黨的重視，伯倫知理認爲英美文明，全恃其政黨之競爭角逐而來，非政黨競爭「不足以鼓動國家之精神，振起人民之懦弱，而醒覺其固有之良能，若是乎政黨者，乃政治上至要至緊之物，而不容一日緩者也。……故政黨者，國民熱心於政治上自然而生之現象，凡爲國民者，斷不可以不加入政黨爲良民之道德，凡爲政治家者，斷不可以超然於政黨以外爲一己之名譽」。〔註61〕

　　張君勱認爲必須有政黨的理由是政黨有利益促進競爭。競爭推動社會文明的進步，「專制國家的政治，之所以停滯不前，是由於無人民以相與競爭，習久成風。國民之於政權，不僅不知道競爭而已，而且還避而之遠。」自立憲運動開展以來，中國各地發起地方自治並進行相關選舉的嘗試，然而，很少有人眞正關心並參與其中。面對這種情況，依靠個人的力量很難提高國民參與政治的積極性，如果民眾缺乏對政治參與的精神，則憲政的實行基本不可能。最適合擔當起這一重任者，「莫如政黨，蓋此一部分反抗政府之民起，則其所首先注意者，必在得國民多數之國情，因是而演說焉、集會焉、懇親

〔註59〕張嘉森：《國會與政黨》，《政論》（上海）1907年第1卷第2期。
〔註60〕張嘉森：《國會與政黨》，《政論》（上海）1907年第1卷第2期。
〔註61〕張嘉森：《國會與政黨》，《政論》（上海）1907年第1卷第2期。

爲，一一以自黨之意見，疏通證明，以訴於國民，且廣收同志，謀所以指導之，則社會活動氣象，與夫國民政治思潮，自不脛不翼而矣遍於全國矣。」〔註62〕這是張君勱認爲政黨必須產生的一大理由。

中國數千年來，國家被當作君主的私產來經營，國民最重大的義務是做朝廷順民，除此之外，皆不問政治。「然一鄉間，每爲直接利害所關，故不欲淡焉置之，又以專制君主知直接統治之不利，或鞭雖長而莫及，則一部分之權力不得不假之紳士以行。今者各省紳士猶得出而任事者，即以此也，然此廣大國之國民溯之已往歷史，向未爲密接之結合，故眞正之國家觀念，迄今猶未出現，因是此疆彼界之心，常不免時時流露」。〔註63〕因而「非有一團體導之以無種族無地方之觀念」，方能破除舊習，形成近代國家觀念。這一觀點，一直影響著張君勱建立現代國家的認知。

張君勱審視西方民主各國，其「議案之議決以多數，議案之動議以多數，議員之當選以多數，若是乎憲法政治者，一多數政治耳」，議政的敏活與否，與議員的統一與否關係尤爲密切。而中國以數千年專制之國，集數百議員於一堂召開議會，要想做到如西方各國那樣秩序井然，勢必不可能。西方各國之所以如此，是因爲受到政黨陶鑄的結果，張君勱認爲，世界列國陶鑄最久也最爲成熟的當爲英美，故其國中黨派只二而已，法、德、俄等國多達五六黨甚至十餘黨並非理想的狀態，可見，沒有政黨不行，但政黨也並非越多越好，「吾國當此千鈞一髮之時，使非上下一心一德，必無望於救亡」，故議會召集，必需政黨擔負起相關職責。

如果缺乏政黨，召開議會很難取得理想成果，「凡一國家之行動，不論於立憲前立憲後，要以行政爲最占重要之位置，而當其由弱轉強，則此機關之關係尤非已勃興之國比」。中國一旦召開議會，行政機關是否鞏固，「皆視政黨之統一與不統一，當此時也，使議會中之黨派發達如英美，則自取而代之以行我所欲可也」。否則，議員將「一徒爲政府所利用而監督之實不舉，二徒爲激烈之言論以爭奪政權」，由此則內閣之基礎將發生動搖，相關國家政策也不可能得持續貫徹。這是政黨所以必當發生的又一重要原因。

就立憲與政黨的關係而言，張君勱與梁啓超等人的觀點不同，他提出，「吾聞以政黨產出立憲政治，不聞以立憲政治產出政黨」。〔註64〕梁啓超主張，「立

〔註62〕張嘉森：《國會與政黨》，《政論》（上海）1907年第1卷第2期。
〔註63〕張嘉森：《國會與政黨》，《政論》（上海）1907年第1卷第2期。
〔註64〕張嘉森：《國會與政黨》，《政論》（上海）1907年第1卷第2期。

憲政體，固非籍政黨不能運用。然政黨尤必在立憲政體之下乃能發育。」〔註65〕認為立憲為因，政黨為果，有真立憲，才有真政黨。因此，只有當憲法頒佈、國會召開、憲政實行時，政黨才會應運而生。張君勱指出，在傳統專制王權社會，國民既無權利也無意識表達自己的政治訴求，因而政治上始終處於被動地位，政黨也無產生的基礎。時至近世，國民政治參與意識逐漸形成，並開始尋求擺脫專制政體壓制的嘗試。為了推翻專制王權，建立擁有民意合法性的憲政政府，國民開始結成政黨。「憲法政治，果也，政黨花也，世界從無無綻花而可以獲果者，又豈有無政黨而憲法政治可希冀者，反言之，世界無無政黨之立憲國亦無有政黨之專制國」。〔註66〕

張君勱認為，「非政黨發達，於今日必不能推倒此專制政治，於將來必不能舉立憲政治之實」，「國家存亡在此一舉」。〔註67〕張君勱對政黨的看法與一般的介紹和帶有強烈感情色彩的頌揚不同，而是從理論上對政黨的必要性進行論證，突顯政黨與立憲的關係，力主在中國實行政黨政治，但這一時期政黨觀念中所存在的問題也不容忽視。他認識到政黨的重要性，但缺乏對政黨實際運作的考察。如果將政黨提升到政治運作層面，僅說明政黨的重要性還不夠，就當時而言，更重要的是為政黨提供一切實可行的路徑，諸如，如何成立組織政黨？政黨應具備哪些條件？如何參與政治？針對這一系列現實問題，張君勱並沒有提出有效的方案。這也是他在辛亥革命後所參與和從事組黨活動未能達到預期目的的原因之一。

二、組建共和建設討論會和民主黨

政黨一詞進入中國，容易讓人聯想到朋黨，從而諱莫如深。在中國文化語境中，「君子不黨」〔註68〕甚為歷代知識分子所尊崇，因為「黨」總以負面的形象留存於歷史中，自東漢黨禍始，唐宋明等朝都有朋黨捲入朝廷政治鬥爭中，明末還以會社的形式參與政爭，因此朋黨為歷朝統治者所忌諱而嚴禁存在。滿清以異族入主中原，更是對團體勢力防範有加，「順治九年由禮部提奏，立約款碑刻於學宮，規定諸生不許糾黨多人，立盟結社，把持官府，武

〔註65〕滄江（梁啟超）：《將來百論·中國政黨之將來》，《國風報》1911 年第 2 卷第 9 號。
〔註66〕張嘉森：《國會與政黨》，《政論》（上海）1907 年第 1 卷第 2 期。
〔註67〕張嘉森：《國會與政黨》，《政論》（上海）1907 年第 1 卷第 2 期。
〔註68〕語出《論語》，原文為：「君子矜而不爭，群而不黨。」

斷鄉曲」，在這種意識的支配之下，「戊戌以前，政黨、議院之說雖然已經被部分知識分子留意，尚未形成輸入的主流。庚子事變（1900 年）以後，立憲、革命兩派鬥爭日烈，各以組織，聯繫同志。對於西方政黨制度的感受，則不盡相同。〔註69〕相對而言，立憲派反而更加關注政黨政治的運作。

　　1901 年，在內外交困的局面下，清政府被迫實行「新政」，儘管「新政」的實施並未挽回清廷頹勢，但卻為新式政治團體的產生提供了契機。最先形成政治派別並對當時社會產生重大影響的是立憲派。在立憲派的推動下，再加上革命勢頭的高漲，為緩和社會矛盾和消弭革命勢力的影響，清廷於 1906 年 9 月發佈「預備立憲」的上諭。清政府的這一舉措得到立憲派擁護，並分別以康有為、梁啓超、張謇等人為首紛紛組建立憲團體〔註70〕，希望以此推動立憲政治的實現，在此風潮影響下，各省也相繼出現一些小的社會團體。這些黨團成立的目的是預備立憲，雖然其存在沒有明確得到法律上的承認，但事實上已經得到清政府的許可。1911 年 8 月，清政府先後頒佈了《實行憲政論》與《准革命黨人按照法律改組政黨論》，開放黨禁，為政黨的公開活動提供了法律依據。政黨的合法化突破了傳統文化語境對政黨的誤解和敵視，從而樹立起一種全新的政黨觀念。民國成立，不但建立了知識分子渴望已久的民主共和制，而且還在《臨時約法》中明文規定人民有「集會、結社之自由」，所以「集會結社，猶如瘋狂，而政黨之名，如春草怒生，為數幾至近百」〔註71〕。據臺灣學者張玉法教授研究統計，從武昌首義至 1913 年底，新興公開活動的各種黨會達 682 個，其中從事政治活動的有 312 個。〔註72〕一時間，知識分子紛紛投入到與政黨相關的活動中，在他們看來，民初議會制內閣制的運作載體是政黨，政黨將在憲政發展和社會秩序重建中大有作為。張君勱也同樣滿懷激情，參與到組建政黨的政治活動中。

　　其實早在辛亥革命前，張君勱就已開始彙入組織化的政治團體，作為梁啓超的追隨者，他於 1907 年在東京參與發起成立政聞社，後來還加入憲友會

〔註69〕 張玉法：《清季的立憲團體》，臺北：中央研究院近代史所，1985 年，第 43 頁。

〔註70〕 康有為於 1907 年 3 月，在保皇會的基礎上成立帝國憲政會，本部設在上海，在海外有多個分部，領導機構仿君主立憲政體模式，虛設總裁、副總裁，下設幹事長和會議長，負責具體黨務工作。梁啓超 1907 年 10 月在東京成立政聞社；張謇等人則於 1906 年 12 月成立「預備立憲公會」。

〔註71〕 丁世鐸：《民國一年來之政黨》，《國是》1913 年第 1 期。

〔註72〕 張玉法：《民國初年的政黨》，長沙：嶽麓書社，2004 年，第 34 頁。

等相關團體。民國成立伊始，張君勱對政黨抱有以很大希望，因此，與湯化龍、孫洪伊等人於1912年1月在上海發起成立共和建設討論會，作為組織政黨的準備。他們認為「今後之民黨，果挾有大黨以盾其後，政府將俯就之不暇」。〔註73〕經兩個多月的廣泛聯絡，共和建設討論會4月在上海舉行成立大會，通過《共和建設討論會章程》、《各省交通處規則》和《經費出納規則》，確立領導骨乾和組織形式。公推湯化龍為主任幹事，公推湯化龍為主任，張君勱等人為交際幹事，正式組成共和建設討論會本部。發佈《中國立國大方針商榷書》，闡述了它的總綱領和總政策。就其成立後的發展來看，「省會成立者閩、魯、湘、贛、蜀、滇、秦、晉八省（鄂不日成立），以外各省各州邑成立約二十餘處，會員殆逾萬人」，「本會交通處每日報告成立者必有二三所，以蜀一省論，已成七處，發達亦速矣」。〔註74〕

　　共和建設討論會提出人民皆以國家為本位，努力從事分子調合、結合緻密、持久不渙的「完全國家」建設，主張消滅個人主義、地方感情、無秩序之自由、無系統之平等、無意識之排外、無計劃之改革等障礙；從而達到國土統一、政權集中，絕不「效顰美國，剖之為若於獨立小邦，使各自為政」；建設手段「以平和為職志」，絕不「自為破壞平和之導火線」。共和建設討論會主張建設強有力的中央政府，強調「人民之對於政府也，宜委任之，不宜掣肘之；宜責成之，不宜猜忌之。必號令能行於全國，然後可責以統籌大局；必政策能自由選擇，然後可以評其得失焉；必用人有全權，內部組織成一系統，然後可以觀後效也」。政府的建立應採用英國的「政黨內閣」而不是美國的「不黨內閣」。因為美國閣員係總統私人工具，總統「雖橫態污黷，民莫如何」，「欲易政府，勢必出於革命」。而英制不但無此弊端，且「閣（內閣）會（國會）一體」，內閣權力雖大，卻不至利用其「國會多數之後援，以恣行秕政」。嚴格選舉制度，以防「少數桀夫壬人私相授受，變為寡人專制政治」；主張禁用武力，保證議員發表意見、審擇表決的自由權利。此外，還有通過灌輸政治常識、增強政治責任心等方法，提高全體國民的共和程度。〔註75〕共和建設討論會所取主義，以穩健進步為歸，

〔註73〕丁文江、趙豐田：《梁啓超年譜長編》，上海：上海人民出版社，1983年，第629頁。

〔註74〕《梁任公先生知交手箚》，沈雲龍主編：《近代中國史料叢刊》續編第10輯第97分冊，臺北：文海出版社，1974年，第165～166、171頁。

〔註75〕共和建設討論會：《中國立國大方針商榷書》，共和建設討論會印，1912年，第3～13、46～72頁。

認爲「一國之中不可無兩大政黨，一急一緩，互相頡頏，以劑於平」。民國成立，人心爲之一振，一時奮發之氣，急進黨易於成立，也易於發生；緩進之黨發達或當稍後，鑒於民國公會、國民協進會、民社、統一共和黨、國民協會等紛紛成立。共和建設討論會「雖未成爲政黨，而宗旨即在於集合同主義之人，爲將來政黨之備」。〔註76〕

共和建設討論會與梁啓超關係相當密切，梁啓超不但利用他的地位和影響，爲共和建設討論會提供政見、指導輿論，而且還借助其聲望招徠會員、擴大黨勢，一定程度上可以說梁啓超是共和建設討論會的實際黨魁，由於革命黨人「反對之氣焰猶昔」，〔註77〕故未公開打出梁的旗號，甚至在該會會報上刊發文稿也未直署其名。〔註78〕

「國民協會與共和建設討論會以中國政黨萌芽伊始，國民政治觀念尚形弱薄，如僅有二黨，恐黨爭日烈，國家異常危險，故決計發生第三黨，主張最公平之言論，不競爭政權，專注全力以普及政治智識，傳播政治信條，聞兩會在京代表已決議，將兩會消滅，即以兩會舊有分子並約多數健全分子發起一黨，定名民主黨，各省簽名發起者，亦有數萬人，現各團體尚有願加入共同發起者」。〔註79〕1912 年 10 月上旬，共和建設討論會與國民協會等八個政團組織的民主黨籌備總事務所、分事務所，相繼在上海、北京成立。〔註80〕

〔註76〕《共和建設討論會成立記》，《民立報》1912 年 4 頁 16 日。

〔註77〕張嘉森：《致任公先生書》，丁文江、趙豐田：《梁啓超年譜長編》，上海：上海人民出版社，1983 年，第 601 頁。

〔註78〕《梁任公先生知交手箚》，沈雲龍主編：《近代中國史料叢刊》續編第 10 輯第 97 分冊，臺北：文海出版社，1974 年，第 430、432 頁。

〔註79〕《民主黨出現之內容》，《申報》1912 年 8 月 25 日，第 2 版。

〔註80〕八個政團組織除共和建設討論會之外，分別爲國民協會、政群社、共和統一會、共和促進會、民國新政社、共和俱進會和民主政黨。國民協會由張君勱之弟張嘉璈於 1912 年 1 月發起成立，選舉溫宗堯爲幹事總長，後因溫辭職，改推唐紹儀爲總理，楊士琦、袁樹勳爲協理，實際負責人爲張嘉璈。國民協會贊成以共和民主制統一南北，反對袁世凱提出的「虛君共和制」，提出「統一國權；培養元氣；發達民力」的政綱。政群社於 1912 年 4 月，由胡大勳、劉遠駒、王葆心等 106 人發起於北京，選舉湯化龍爲總理。該社宣佈「以融化種族界限，增進國民智慧，維持領土統一，構成鞏固光榮之共和國家爲宗旨」。共和統一會爲北方成立較早的政團之一，1912 年 2 月 12 日發起於北京，原名共和憲政會，又稱共和憲政統一會，主要發起人爲靳雲鵬、廖宇春。以「以鞏固民權，監督政府，謀國家統一進行爲宗旨」。共和促進會於 1912 年 1 月 26 日成立於北京，主要發起人爲楊度，以促進北方實行共和爲宗旨。民國新政社是一個地方性政團，1912 年 1 月中旬，由陳介石等人發起成立於浙江

27 日，各政團代表和來賓 400 餘人在上海張園舉行大會，通過民主黨黨章，選舉湯化龍爲幹事長，張君勱、孫洪伊、梅光遠、向瑞琨等 30 人爲常務員。其政綱是：「普及政治教育，擁護法律自由，建設強固政府，綜覈行政改革，調和社會利益」。〔註81〕

民主黨雖然成員複雜，但卻初具現代政黨規模。成立後不久，民主黨就提出，「政體之鼎革必與信條之變更相緣」，共和信條在於，「首長機關、執政機關、議政機關，乃至各地方之各種分掌機關各自有道焉，以盡其擁護共和之天職，而莫不有神聖不可侵犯之條件以爲之範圍」。儘管涵養共和信條至於成熟，並非一朝一夕所能完成，如果長期抱此信條以引導民眾，竭盡其力進行傳播，遇到侵犯信條動搖國本則奮力以抗，則此新信條之確立而熟習也決非難事。「今襲共和之名亦既半年矣，然夷考其實，上自各種機關之措施，下逮群眾心目所營注，其以視吾黨之理想的共和政體，非直無一類似而已，而甚乃適得其反。一方面則專制時代之官僚隱秘主義因而不革，一方面則革命後之暴民掠奪主義日以蔓延，二者皆與共和主義絕對不能相容。而我乃兼蹈之，以此求共和，豈非適燕而南轅，蒸沙而求飯一也哉。」「是在倡導而已，在協力而已，此固捨政黨不能爲功。而政黨欲自效於國，亦捨此何以哉。各國政黨其以國利民福爲目的也皆同，而其所以達此目的之手段則有種種焉。力求自掌政權以實行所懷抱此一種也，不汲汲於政權之競爭而對於政府常畫嚴重監督之責此又一種也，注全力以普及政治智識、傳播政治信條、鞏國家之根基爲政體之保障此又一種也，茲三法者皆爲自由政治國所不可缺，而其效力亦相輔而相成。居我國今日而言，政黨其第一義恐非能遽現於實也，第二義善矣，然監督之成績亦恆視，所積之實力爲比例，若夫第三義或多視爲迂途或雖知其不可已而有所未遑也」。〔註 82〕因此，民主黨成立，「一方面以收容未入黨之國民，使益瀹其政治上之知識，而增進其政治上之能力；一方面又以劑兩黨之平，而保持國民眞正之福利」。〔註83〕但鑒於「國人之入黨者，

溫州。共和俱進會也是一個地方性政團，於 1912 年 3 月 24 日在奉天（今遼寧省瀋陽市）宣佈正式成立，主要發起人爲袁金愷、孫百解。以「發揮共和立憲之精神，共同進行，以謀國民幸福爲宗旨。」民主政黨是廣東的地方政團，由於資料缺乏，迄今知之甚少。參見謝彬：《民國政黨史》，上海：學術研究會，1926 年。

〔註81〕鄭大華：《張君勱傳》，北京：中華書局，1997 年，第 33 頁。
〔註82〕《民主黨緣起》，《申報》1912 年 8 月 30 日，第 1～2 版。
〔註83〕《民主黨分部成立》，《申報》1912 年 12 月 9 日，第 7 版。

多半不知政黨爲一公共之人格，往往一黨之中又分數派，毫無眞正之系統，不過聚無數之私人」。〔註84〕故民主黨「暫時不預政權」，目的是爲了「樹政黨之根基，埃羽翼已豐，實力已具，然後出任政事」。〔註85〕

民國新成立，制度的重塑賦予知識分子實現政治價值的可能性，國家由傳統向現代轉型，憲法的制定、制度的確立、社會的改造等都給知識分子以無限的希望。通過組建政黨表達政治訴求，同時推動制度建構的理性化和有序化，是政黨政治最常規的做法。辛亥革命雖然終結了帝制，但並未觸動社會的深層次結構，以至於在後來的秩序重建過程中，當國家整合遭遇阻力，又不熟悉民主程序制度化運作的情況下，訴諸武力成爲袁世凱等人的首選，張君勱在民初希望通過組建政黨推動憲政的主張終究未能實現。當然也不能因此而否定他努力嘗試的意義，雖然之前張君勱也參與過政聞社、憲友會等類似政黨性的社會團體，但僅是以梁啓超追隨者的身份活動，體現的是他對立憲政治主張的認同。而共和建設討論會的成立則不然，張君勱是以發起人的身份參與，他所起的作用，所擁有的話語權都要比之前人得多，最重要的是他的部分政治主張受到同仁的採納。開始將其對政黨的看法運用於民主憲政的實際操作中，他1913年流亡德國時，依然不忘提醒當選國會議長的民主黨人湯化龍，「目前大計，首憲法，次總統，三新內閣，四地方制。其無關國憲者緩議。」〔註86〕

政黨首先作爲一種現代政治知識傳入中國，繼而作爲一種政治手段被中國知識分子使用，最後成爲中國重要的政治權力實體。辛亥革命後，張君勱始終積極活躍於成立政黨的相關事業，爲推動立憲運動的發展，他加入憲友會，支持張公權組建國民協會，參與組建共和建設討論會，與湯化龍等成立民主黨。從實際行動上以政黨爲踐行代議制民主政治理念的起點，並成爲日後政治活動的重心。張君勱要建立的政黨，不是傳統意義上黨同伐異的利益群體，而是以西方民主價值爲理念的政治共同體。

三、反對袁世凱

從晚清到國民的政權更替中，袁世凱對政權的和平過渡有相當功勞，因

〔註84〕《民主黨歡迎梁任公紀事》，《申報》1912年10月29日，第3版。
〔註85〕《民主黨本部通告》，《大自由報》1913年6月26日。
〔註86〕張君勱：《張嘉森君之憲法談話》，《憲法新聞》1913年第6期。

而獲得不少人的認同，也成為各方政治勢力都能暫時接受的人選。從個人情感而言，張君勱對袁世凱並無好感，曾批評其為人「詭譎多術」，之所以主張聯袁，目的是想借助袁世凱的勢力組織政治團體，吸收袁手下的「才智之士」，「以發展支部於各省」，在數年之內「造成一個大的政黨」，從而推動民主憲政在中國的實現。張君勱之所以積極投入於共和建設討論會的組建，主要在於他認同民主憲政可以解決中國問題，只要實行憲政，中國就能像日本一樣實現國家富強。政黨是實行憲政的關鍵要素，而當時中國並沒有一個成熟的政黨可以獨立擔當起憲政的重任，一切都得從組黨做起，結合對中國政治發展的觀察，張君勱作出判斷：「今後中分天下者，袁、孫二黨而已。……袁、孫二派皆非能建設今後之國家者，雖合無益。然立憲國中輿論之功，勢不能僅恃其主義之純潔，必也與人爭選舉，爭議席，如是雖欲長居超然，勢必有所不能。今世界之社會黨，其初皆居於獨立地位，終折入於議院政策者，其原因在此而已。由此言之，目前捨擇二派而提攜之，別無他法。此二者比較的適於建設之業者，實在北方，故森以為下手之方，在聯袁而已。」張君勱提出聯合袁世凱的目的，「並非在爭政權，借其勢力以發展支部於各省，……今後之中國，非造成一大黨以為改革事業之中堅，則建設必不能完備，而危象且隨而發現」。聯合袁世凱的優勢在於，「北方官僚中表同情於吾輩者，頗不乏人，藉此以吸收才智之士，則黨勢愈厚」。「中國南北情形迥異，比較的易著手者，實在北方，如欲進行，亦應先北而後南。」〔註87〕張君勱意識到：「藉此以擴張黨勢則可，藉此以接近政權則不可。蓋以袁之地位為南北信仰，全國一人，無待吾人為之助力」，〔註88〕若「借其勢力以發展支部於各省，數年之後，雖欲不聽命於我，安可得焉」。〔註89〕張君勱參與組建共和建設討論會的目的十分明確，就是要「造一個大的政黨」，參與議會選舉。

外蒙獨立事件的發生，直接導致了張君勱與袁世凱的決裂。外蒙獨立事件是民初袁世凱當政時期乃至影響中國政治長達半個世紀的重要歷史事件，在地緣政治優勢下，沙俄政府利用中國時局混亂策劃了外蒙古獨立。武昌起

〔註87〕張嘉森：《致任公先生書》，丁文江、趙豐田：《梁啟超年譜長編》，上海：上海人民出版社，1983年，第600～601頁。

〔註88〕《梁任公先生知交手箚》，沈雲龍主編：《近代中國史料叢刊》續編第10輯第97分冊，臺北：文海出版社，1974年，第998頁。

〔註89〕張嘉森：《致任公先生書》，丁文江、趙豐田：《梁啟超年譜長編》，上海：上海人民出版社，1983年，第600頁。

義爆發後，沙俄利用清政府忙於鎮壓革命，無暇北顧之機，開始公開分裂外蒙古的活動。中華民國成立後，雖北京政府一再宣告外蒙古是中華民國領土，但並未就外蒙古問題與沙俄進行交涉。沙俄當時尚沒有立即公開吞併外蒙古的打算，而是脅迫外蒙古地方當局與之談判，造成既成事實，然後再迫使中國中央政府承認俄國方案。1912 年 9 月，俄國指派駐華公使廓索維慈爲全權代表，前往庫倫與外蒙古當局單獨訂約。11 月，外蒙古當局與俄國簽訂了《俄蒙協約》。消息傳來，全國輿論譁然，各政黨、團體、各族各界人士紛紛進行各種抗議和譴責，各報刊也呼籲全國應聯合起來，保護中國的領土完整。

　　儘管袁世凱政府曾就此向沙俄表達過強烈抗議，提出「中國萬難承認《協約》，因蒙古爲中國之一部分，凡有關蒙古之協約均須與中央政府，而不能同庫倫締結」，並強烈要求俄國「放棄俄蒙協約」。〔註 90〕但袁世凱忙於權鬥，無暇顧及沙俄的野心，並對沙俄的無理要求採取拖延辦法，袁政府「因循坐誤，一事不舉，內無整理之可觀，外啓強鄰之輕侮。」〔註 91〕張君勱對此感到強烈不滿，今又聞此外交大失敗，認爲這主要是由於袁政府「堅持延宕主義不作答覆，致今日之失敗」，遂與民主黨重要人物向瑞琨、袁思亮等相繼辭職，以示抗議，並通電各省，發表《袁世凱十大罪》（又名《袁政府對蒙事失敗之十大罪》），〔註 92〕張君勱首先指出，條約中「名稱爲自治，實已形同國家」，外蒙「禍胎所蘊，皆現政府之不識有以致之」。在他看來，袁政府在處理外蒙事件的問題上犯有「十大罪」，即：

　　　　庫倫獨立，起自去年，國內叛徒負固至一載之久，袁氏毫無辦
　　法，授俄人以可乘之機，罪一。俄人要求五條，不自今始，袁氏以
　　延宕不答爲能，俄得藉口自由行動，罪二。六國借款，爲保全侵略
　　兩派消長之機，袁氏不能利用，國本不定，啓俄人侵略之野心，罪
　　三。桂太郎至俄，薩柴諾夫至英，日俄英三國密謀，已喧傳世界，
　　袁氏束手待斃，一籌莫展，罪四。巴爾幹戰雲方起，俄將有事於東
　　歐，袁氏不知察各國大勢離合操縱，以致坐失事機，成此危局，罪
　　五。俄派郭索維慈至庫，俄蒙勾結，路人共見，袁氏不知事先預防，

〔註90〕陳春華譯：《俄國外交文書選譯》，哈爾濱：黑龍江教育出版社，1991 年，第
　　　　123～124 頁。

〔註91〕張君勱：《袁世凱十大罪》（又名《袁政府對蒙事失敗之十大罪》），《開國前後
　　　　言論集》，臺北：正中書局，1971 年，第 77 頁。

〔註92〕《俄蒙協約之驚風駭浪》，《申報》1912 年 11 月 18 日，第 2～3 版。

致使叛徒自由交涉，罪六。上月廿日，路透電傳來，俄人承認外蒙
獨立，外交當局，毫無感覺，麻木不仁，鑄此大錯，罪七。俄人要
求橫暴至極，得之自我與得之於蒙，利害相去若天淵，袁氏並此不
知，遑論防患機先？罪八。春夏之交，爲徵蒙最宜之候，方針不定，
磋跎至今，戰事豈能幸免，棘手較前萬倍，罪九。外交均勢，一發
全身，俄人發難於先，列國繼起於後，一隅之地，牽動東亞全局，
一旦實行瓜分，袁氏何以自贖？罪十。〔註93〕

在歷數袁政府「十大罪」後，張君勱指出：「凡此十大罪，皆袁氏一誤再誤之
明證，決非吾黨周內之詞。考其大因，尤其當局者，但知顧全權勢，不爲國
家謀根本之解決。夫政策之行，袁氏應自有主觀，乃朝遭反對，夕即變更，
凡己之地位，稍有妨礙，雖犧牲政策在所不顧。一若國家可亡，而吾地位不
可不保。吾黨以爲推此心理，非至亡國不止」。因此，爲了挽救國家於危亡，
他號召全國人民「急起直追，自負責任，徑行詰問袁氏誤國之罪，並決定全
國大政，以一致之精神，爲對外之計劃，庶足以振民氣而救危亡。」

　　由於南方爆發反袁第二次革命，北洋軍閥政府爲了得到西方列強的援
助。沙俄也充分利用袁世凱急於要求列強承認和貸款的心情，採用打拉結合
的策略，迫使袁世凱政府於 1913 年 11 月簽訂《中俄聲明文件》。聲明中，雖
然沙俄承認外蒙古爲中國領土的一部分和中國的對外蒙古的宗主權，但中國
必須承認外蒙古的相關自治權，認可沙俄的協調處理，「凡關於外蒙古政治、
土地、交涉事宜，中國允與俄國政府協商，外蒙亦得參與其事」。〔註94〕中國
得到一張空頭支票，而沙俄則取得了對外蒙古相關事務的實際控制權。張君
勱的文章，無疑是一篇聲討袁世凱的檄文，「在全國激起了很大反響，《少年
中國》周刊發行量也因此而大增，每期印行兩千份還供不應求，出版當日即
銷售一空」。〔註95〕張君勱的人身安全也因此受到袁世凱政府的威脅，儘管如
此，張君勱並未對國內政治前途抱悲觀態度，而是「預料必於一年或半年之
內大有轉機，其轉機樞紐在全國人民厭惡今日政治現象達於極點之時」。張君
勱認爲，「天下事凡百皆可試驗，惟一國之政治則萬無試驗之理」，然而，不

〔註93〕　張君勱：《袁世凱十大罪》（又名《袁政府對蒙事失敗之十大罪》），《開國前後
　　　　　言論集》，臺北：正中書局，1971 年，第 77～78 頁。
〔註94〕　王鐵崖：《中外舊約章彙編》（第 2 冊），北京：三聯書店，1982 年，第 87 頁。
〔註95〕　鄭大華：《張君勱傳》，北京：中華書局，1997 年，第 37 頁。

幸的卻是中國屢經試驗而卒，始終未能達到理想狀態，惟有「全國厭倦今日政治現象達於極點之時，則必力求眞正共和而建立穩健之政策」，這也是國內政治的轉機時刻。張君勱在赴德之前，不僅未對中國的政治前景失望，而且還懷抱考察歐洲各國以資借鑒的目的，他強調，「至於對國外，必得外人對我之眞相，究竟國步之危急達於何等地步，則吾人有幾許相當之時間，求相當解救之法乃能確定」。張君勱以普魯士爲拿破崙所征服後的境遇來說明：「國家到無可設法時，必有絕地逢生之一日」，認爲「不可一面悲觀一面做不悲觀的事業，天天消磨光景，曠廢職業於談天之中也。」〔註96〕

第三節　早期國家建設的審視

　　在早期國家建設思考中，張君勱十分看重政黨的必要性。清王朝傾覆後，國家構建不可能再重複傳統朝代的更迭和循環，西方民主憲政成爲中國由傳統向現代的轉型的借鑒對象。然而國家如何構建，制度如何選擇，如何在舊有意識形態和傳統規制失去效用的社會中重建新秩序？始終是考問當政者和知識分子的重要主題，也政治精英所面臨的棘手難題，面對時代的考問，西方大國的經驗依然是可供借鑒的藍本。但清末以來，國內政治生態和政治格局已經發生了巨大變化，西方政治制度的傳入和地方勢力的崛起，使國家構建中的制度選擇更加複雜多變。除了大一統的中央集權外，地方主義、聯邦主義爲當時政治走向增添了新的制度選擇。一生都在致力於尋求立國之道的張君勱，在辛亥革命後也與其它政治精英一樣參與到制度設計的思考中。他著重論證省的權限和梳理中央與地方的關係，希望以此爲中國提供大國整合的路徑，並明確反對章士釗、張東蓀提出的聯邦制。此外，他還就國家體制的選擇以及尋求中國的國際地位進行過一系列審視。

一、中央與地方關係的思考

　　審視中央與地方關係，不僅是有效整合中央與地方應急措施，而且是大國民主制度運作所必須考慮的問題。民國成立，政權形式上完成傳統向現代的轉型，但地方勢力的崛起又使中國面臨分裂的危險。近代地方勢力興起於晚清，太平天國農民起義之前，地方督撫完全聽命於朝廷，並無獨立的軍權

〔註96〕　《鴻興樓之送別大會》，《申報》1913 年 2 月 22 日，第 6 版。

與財權。鎮壓太平天國起義過程中，湘軍、淮軍等地方性和私人化軍隊乘勢而起，督撫開始直接統轄軍隊，並且逐漸掌握地方財權，中央政府的權力較諸從前大爲削弱。如何包容地方的多樣性？如何平衡不同利益群體的基本訴求？是地方勢力崛起給國家構建提出的問題和挑戰。辛亥革命走「督撫式革命」線路，「借滿清漢人的地方總督、巡撫或握有軍政權的大臣之力，以謀推翻清廷，建立共和。其意義與由來，一爲民族主義者以爲自成國民軍之起不易，而思借清政府已成之勢力；一爲熱心政治革命者對清廷立憲之失望，企圖方面大員起而舉事。」〔註 97〕雖然「獨立」各省宣稱加入中華民國，事實上卻儼然獨立國形象，「以軍事論，則參謀部、軍務部無所不備，以行政機關而論，則外交司、會計檢察院，無所不有」。〔註 98〕

民國肇始，中央與地方抗衡之現象，並未因清朝的覆滅而有所緩和，中央與地方的糾葛，仍然是國家建設的首要問題。知識分子群體立足現實，在新的時代背景下探討政區變革的可能性，提出了多種政區變革方案，其中最爲流行就是廢省。康有爲和梁啓超是廢省主張的較早倡導者，康有爲在 1895年《上清帝第二書》中就明確提出了廢省主張，梁啓超在 1910 年發表《外官制議》，提出廢省的理由之一是省區過大，「不能保政治之統一。」〔註 99〕章太炎、宋教仁等人也主張廢出行省，章太炎按照清朝的「分巡道制」，主張昇「道」爲一級政區而廢「府」；宋教仁認爲，「中國土地廣大，不能不分爲數多之地方區域明矣。惟以在今日之狀況論之，區域稍似廣闊，等級亦嫌複雜。鄙意謂中國今日宜縮小省域。」〔註 100〕省區過大，不便管理，已經成爲廢省者的主要理由。

張君勱認爲，「凡一國行政區域，既在憲法上取得其位置，非將憲法變，則此行政區域，亦無變更」。《臨時約法》已規定中國的行政區域爲二十二省，省的存廢，已屬於不能成立的問題。針對非廢省不能統一國家行政的說法，

〔註97〕關於「督撫式革命」的詳細論述，請參見蔣永敬、莊淑紅：《「督撫革命」與「督撫式的革命」》，《近代中國》2008 年第 18 輯。

〔註98〕沙曾怡：《論中國今日急待解決之三大問題》，《東方雜誌》1912 年第 9 卷第 3號。

〔註99〕湯志鈞：《康有爲政論集》（上），北京：中華書局，1981 年，第 133 頁；滄江（梁啓超）：《國風報》1910 年第 1 卷第 31 號。

〔註100〕湯志鈞編：《章太炎政論選集》（下），北京：中華書局，1977 年，第 617～618頁；陳旭麓：《宋教徵集》（下），北京：中華書局，1981 年，第 471 頁。

張君勱表示，「統一之實，非一紙法律所能收功，當以國情斷定」。中國幅員遼闊，交通不便，且人才缺乏，財政困難，廢省之舉，非旦夕所能爲力。〔註101〕共和政府的建立並沒有帶來革命者所期盼的秩序與穩定，相反地方主義的力量進一步增強，中國反而有分裂的危險。解決中央與地方的張力，並非廢省所能行得通，重要的是釐清中央與地方的關係，明確中央與地方的權限。爲此，張君勱提出，「各省於一方爲國家行政區域，他方爲地方行政區域，按照中央法令及省制，處理省內一切事務」。加強中央權力，建立強固政府是張君勱一直以來的主張，歐美各國，因交通便捷，人民之國家觀念發達，自治能力充足，地方權力雖大而不足爲病，中國地方自治條件未備。就地方行省的地位而言，「省一方爲國家之固有行政區域，故當按照中央法令，處理省內之委任行政，及類於委任之行政；各省一方爲地方行政區域，故常按照本制處理省內之固有行政及類於固有之行政」，省在法律上的位置，已規定於臨時約法中，省的行政組織及其立法權限，則以一種之單行行政法進行規定，這樣在修改上具有伸縮空間，即省的地位得之憲法，其權限得之行政法。張君勱反對法制局提出的：省之設廢分合，或變更境界以法律定之。認爲行省在憲治上的位置已經劃定，「絕非一種行政法可以易置」，法制局的做法明顯違憲。「省制者，可以增設，而不可以廢止」。「所謂變更境界者，不過爲統治上之便利，將某府縣移歸某省管理，所以需法律定之者。以其影響於國家行政者甚大，甚或因此起兩省之衝突，故當以國會法律解決之。

「每省設行政總長一人，統轄全省。行政總長由大總統簡任，但遇該省議會議員三分之二決議反對時，由大總統另選他人。」如遇所派非人，則省議會可令總統進行撤換。張君勱反對時任副總統黎元洪提倡軍民分治之議，認爲這種提法難以實施，「人心浮動，非握重兵，不足以坐鎮，一也。邊遠地方，以對外國防，及彈壓土匪之故，不縮兵符，調遣不靈二也。」認爲「軍民分制，宜採漸進主義，而不宜採急進主義。蓋軍民分治一語，本兼二意，軍事民事，以二機關分掌。軍權統一，利在中央，此一義也；治理地方者，不掌軍權，則人民權利之保障穩固，利在地方，此又一義也。第一義，目前能否辦到，視中央陸軍部有無統一之實力，不然中央無內重之實，地方有外輕之虞，利未見而害已先睹。至第二義，今日應嚴定都督條例，將軍政民政

〔註101〕張君勱：《省制草案》，《新中華》1916 年第 6 號。

之權限，及系統詳細劃分，則省長一人雖兼都督，而不得以軍事行動，濫用於民政。此目前軍民分治之第一下手處也。」因此，省行政總長，按地方特別情形，大總統得令駐在該地方之都督兼任。

張君勱認為，「原則上，令省長與都督二職，由二人分掌，然目前遇有難實行處，則令一人兼任，蓋都督條例既定，權限分明，雖以一身備兩種人格，於省治不至有妨」。張君勱強調應嚴定都督條例，細化軍政民政的權限，以確保省長雖兼都督，而不至於將軍事行動濫用於民政。張君勱將地方秩序的建立寄託於軍事力量的想法過於理想化，各地方軍事實力派，手握重兵，裂地稱雄，再從法理上給其合法性，無異於助長軍人干政的風氣，也與憲政的目標相去甚遠。

在張君勱的設計中，行政總長有如下職權：執行中央委任事項；執行依據法令，以省費支辦之事項；執行省議會議決事項；監督省內地方行政；任免各州縣長官；遇省內非常急變時得咨調駐紮該省之軍隊或軍艦。省行政總長下分設財政司、內務司、教育司和實業司。各司經省行政總長之推薦，由大總統任命。各司承省行政總長之命，從事其職務；各司以下的官吏，由省行政總長任免或懲戒處分。「各司既為省行政總長之事務官，故對於中央一方之責任，惟行政總長負之，而各司不與焉，換言之，中央委任行政，乃委任於省行政總長，而各司不過其代執行者耳，此對於中央之關係也；省長既為一省之代表，而各司為執行事務之官，凡省中發佈命令時，應以行政總長之名義行之，而各司不與焉，此對於地方之關係也。夫各司之位置，所以必使之出於此者，所以求久於其任，而不至生動搖之患耳。」〔註102〕

折衷調和是張君勱處理中央與地方關係的一大特點，同時期持類似主張的還有杜亞泉，「調劑折衷，莫適於普之州制」，因為「省制採普之州制，既當於理論，合乎習慣」，又有其他便利，如權力不相混淆，中央與地方職守「範圍自定，而下級地方官及地方團體，亦有所模範」；「其屬於中央者，任免為中央之自由，其屬於地方者，去就悉地方之公意，權有專屬，斯意不兩歧」。〔註103〕

省設省議會，省議會在十二項權限：一、本省之預算決算；二、本制第

〔註102〕張君勱：《省制草案》，《新中華》1916 年第 6 號。（注：本小節引文，凡未注明出處者，皆與此同）

〔註103〕傖父（杜亞泉）：《論省制及省官制》，《東方雜誌》1912 年第 9 卷第 3 號。

四章第一節所舉屬於省內之租稅；三、本省公債之募集；四、省內下級文官之規制及俸給；五、公共財產與營造物之經營及賣買；六、監獄與習藝所之設置及經營；七、省內及省設之病院孤兒院慈善所等之設置及經營；八、省內工程之興修；九、本制第四章所舉使用費及酬費之賦課；十、關於省法強制執行之罰則；十一、限於一省之事務；十二、依據法律命令屬於省議會之權限。張君勱讚賞加拿大以中央為主體（中央為總括，地方為列舉，中央權力大於地方，美國剛好相反），將可以因地制宜事項分配於各省，餘外權限保留於中央。認為其「上可以謀中央之統一，下可以圖地方之發達。」因此，「省議會之權限，當採中央對地方之許與法，其許與之方，當為列舉的，列舉之方，又當為實質的」。凡不在列舉範圍內的，地方不得干預。

在財政問題上，張君勱認為，中華民國為統一國之制，「定租稅系統之權，自應歸中央掌握，不得絲毫受地方限制」。但在劃分中央地方財政之時，應將稅源指定，否則，過去「混沌之弊，恐難廓清」，中國幅員遼闊，「中央稅源，雖不宜如美德列舉，然亦當但求若干種收入豐富之稅源，而不可搜括一切稅源於中央，如是為地方計，其可以為地方特有之稅者，當復不少，故以特別稅為基，而參酌以附加稅，乃立省稅系統者，不可不知之要義也」。省之租稅，限於家屋稅、地價稅、營業稅（除銀行業、鐵路、保險、礦業外）和雜種稅（相當於第三產業）四項。地方可以發行公債，但應在中央的許可和監督之下進行。各行省關於警察、省之道路、水利橋梁、實業教育、水旱災情各項行政，以及邊遠省必需之發展等經費困難時，得請求補助於中央，但其相當標準，由中央以法律定之。

省之行政權而廣也，則中央之行政權，因之而縮；省之行政權而狹也，則中央之行政權，因之而伸。故省制為物，就其根底言之，一中央各省權限之解決案也。〔註104〕戴季陶在1914年，反思「革命之失敗，以省制不定為一大原因……中央與省之權限不清，各省之服從中央與否，純為勢力問題。……縣之一區域，在法律上無絲毫之保障，政治更無絲毫之位置矣。」〔註105〕

張君勱從省的行政、立法、財政勾勒出中央與地方之權限，各省在法律上之地位，折衷英、美、日本和普魯士四國之制，以行省兼國家地方之政，國家之政，省長兼掌，地方之政，定為省權，不使中央橫加干涉。省長與各

〔註104〕張君勱：《省制草案》，《新中華》1916年第6號。
〔註105〕戴季陶：《中華民國與聯邦組織》，《民國》1914年第1卷第3號。

司的性質是：省長執行委任事務，對中央而負責任，省長執行地方事務，事理上不能不對議會而負責任，今設種種方法，輕其所負之責，免其動搖之患，至若各司，則省長下之事務官不與省長共進退。省參事會組織，使其成爲溝通中央與地方的機構，故參以中央任命人物，又在使其調和議會與省長，故令其參與省長之事權；通過列舉省議會權限，解決中央與行省權限，一方面使國家機關整備，另一方面又使行省權限確立；劃分國稅省稅，以省爲公法人，省有獨立財源，即省稅。〔註106〕

　　選擇什麼樣的制度有利於保障甚至是擴大地方權益，獨立各省當局以及部分知識精英主張捨棄單一制而選擇聯邦制，張君勱在維持單一制，強調建立強固中央，但並未忽視地方的權力訴求，而是從明確中央與地方的權限問題入手。儘管在省制草案中，張君勱構想和看法並不十分周圓，其中部分主張也未必適合當時政局的需要，但在制度草創，對西方現代政治制度都較爲陌生的民國初年，與空談清議相比，其可貴之處在於設計了如何落實具體層面的措施。

二、大國整合路徑的探討

　　大國整合最常用的兩種方式是聯邦制和單一制，聯邦製作爲一種國家制度模式因爲能有效體現民主憲政的價值受到民初思想界的宣揚和重視。《中華民國臨時約法》頒佈之前，孫中山和宋教仁都曾表示過以聯邦作爲未來制度建設的想法。孫中山曾宣稱，「待聯邦共和政體建立，中央政府將與各國建立友好邦交。」〔註107〕在與《巴黎日報》記者談話中也明確表達了對未來的聯邦構想，認爲「於政治上萬不宜於中央集權，倘用北美聯邦制度實最相宜。」〔註108〕宋教仁在《組織全國會議團通告書》中明確指出，「美利堅合眾之制度，當爲吾國他日立國之模範」。〔註109〕《鄂州約法》也體現出聯邦制的價值理念〔註110〕。儘管以聯邦製作爲整合方式具有一定認同基礎，但《臨時約法》仍

〔註106〕張君勱：《省制草案》，《新中華》1916年第6號。
〔註107〕齊赫文斯基：《孫中山的外交觀點與實踐》，《國外中國近代史研究》（第4輯），北京：中國社會科學出版社，1983年，第17頁。
〔註108〕孫中山：《孫中山全集》(1)，北京：中華書局，1981年，第561～562頁。
〔註109〕陳旭麓編：《宋教仁集》（上），北京：中華書局，1981年，第365頁。
〔註110〕1911年10月16日，湖北軍政府頒佈了由宋教仁起草的《中華民國鄂州臨時約法》，簡稱《鄂州約法》。

然選擇了單一制。主要原因在於，晚清以來國勢衰弱不振，國家主權備受侵蝕，國家地位因之淪落，歷次對外戰爭失敗的恥辱感使知識分子迫切希望產生一個強有力的政府；加之革命以來，各省都督掌握地方實權，各自爲政，有令不行，中央政府毫無權威，因此，有助於加強中央集權的單一制得到多數人認同，聯邦制的思潮也迅速被中央集權的單一制思想所淹沒。

袁世凱當上大總統後，廢除《臨時約法》並解散國會，推行獨裁專制，聯邦製作爲對抗袁世凱的手段又再度受到時人青睞。《甲寅》、《正誼》和《中華雜誌》等作爲主要輿論陣地，發表了大量宣傳聯邦主義的文章。影響較大的有章士釗的《聯邦論》、《學理上之聯邦論》和《聯邦論答潘君力山》，張東蓀的《地方制度之終極觀》和《吾人理想之制度與聯邦》。章士釗表示：「組織聯邦，邦不必先於國；邦非國家，與地方團體相較，只有權力程度之差，而無根本原則之異；實行聯邦，不必革命，所需者輿論之力而已。」「近頃以來，統一之失，日益彰明，智者發策以慮難，賢者虛衷而求治，恍如聯邦之制，行之有道，容足奠民生於安利，拯國命於糾紛。」〔註111〕在張東蓀看來，世界上組建聯邦國有兩種路徑，「聯邦者生存於各小團體之人民所組織之大團體也，小團體先存在者，則此小團體，自大團體成立後，自降爲非主權國，且爲地方。而以大團體爲主權國，大團體先存在者，由大團體解放其權，而成小團體，其爲非主權國與地方固無異也。」〔註112〕後者最適宜於中國，因爲，「吾國既有野心家與官僚矣，則防遏與限制之道，當分中央與地方二層。……吾人注目地方，而知苟地方有完善之權限，鞏固之組織，充足之能力，則足以使野心家先利用之機，不能有所乘也。」〔註113〕「聯邦之精神，第二在分權。……顧聯邦制既爲分權政治，又足促進法治之發展，此不妄。」〔註114〕此外，丁佛言、谷鍾秀也紛紛發表文章，主張擴大各省的自治權，採取聯邦自治之精神。〔註115〕

張君勱明確反對聯邦製作整合方式，他在1913年擬定的《省制草案》中，認爲「省之自治權不可不定，而聯邦之說，萬不適於中國」。〔註116〕在留學日

〔註111〕秋桐（張士釗）：《學理上之聯邦論》，《甲寅》1915年第1卷第5號。
〔註112〕東蓀：《吾人理想之制度與聯邦》，《甲寅》1915年第1卷第10號。
〔註113〕張東蓀：《吾人之統一的主張》，《正誼》1915年第1卷第8號。
〔註114〕張東蓀：《予之聯邦組織論》，《正誼》1914年第1卷第5號。
〔註115〕丁佛言：《民國國是論》，《中華雜誌》1914年第1卷第8號；谷鍾秀：《地方制度答客難》，《正誼》1914年第1卷第6號。
〔註116〕張君勱：《省制草案》，《新中華》1916年第6期。

本期間，張君勱就對聯邦制有所認識，在他看來，「有不願同受治於一內治政府之下，有不適於同受治於一內治政府之下者，於是讓其權之一部，成一中央政府，外以抵禦敵國，內以制聯合諸國中之強者，是爲聯邦」。因此，聯邦之成立，首先要有同感情，即共同的文化認同和相同的政治利害；其次是各邦之兵力不可過強，聯邦政府的穩固，建立在各邦力量平衡且武裝力量弱於聯邦政府的基礎上。如果各邦兵力過強並足以對付外患，一旦因「聯合而犧牲其行動自由之一部爲無益，而聯邦政策與各州行政有衝突之時，必致決裂而後已」；第三各邦之權力不可大相懸殊：如果其中一邦權力過大，其威望獨高，「此一邦必爲聯合會議之主」，若有二邦強勢，則相互之間的對立爭雄不可避免。〔註 117〕針對張東蓀、章士釗等人的以聯邦製作爲對付袁世凱專權的主張，張君勱發表《聯邦十不可論》，系統闡述其反對聯邦制的理由。

西方國家實行聯邦制的經驗是國民具有相應的政治能力和政治權力參與憲法的創設，決定政治共同體的政治存在形式。而當時中國的情況是，「省權向不在省民，省民亦無自握省權之能」，省權以及絕大多數政治資源均掌握在地方大員手中，即使制定了省憲法，也只能是地方大員們的意志表達，成爲「割據」的合法性依據，而不是地方利益的合理化，更不能給省民的權利以制度保證，這是張君勱不贊成聯邦制的第一條理由。「且一州之內，所能獨有憲法者，以其地位本爲主權的也，何謂主權的，凡憲法上所許與之權限，由各州自行使，非他人所得而干與」。此外，「今後吾國行此制，則省民與省議會之威信，能否驅策一省官吏，而爲一省官吏者，又能否鞠躬盡瘁」。以美國之國民素質，仍然會發生州議會之營私舞弊，各州州民仍會不信任議會，所以在憲法中設種種規定進行防範，更何況中國民眾缺乏現代政治素養。聯邦制的要義是，地方要有自治的能力，否則，地方具有主權，而民眾又缺乏實施自治和充分運用權力的能力，只可能加劇地方大員的專制和國家的分裂。張君勱認「自治制之鞏固也，乃聯邦制之本源也，此而不具，則其他制度，無一事可以討論」。

針對省長民選可以鞏固省權的說法，張君勱明確表示民選不可取，因爲「所選人才拘於方隅，賢者無以自效，不才者盤踞要津，其與本地關係，非伊朝夕，束縛於鄰里鄉郵之情誼，受制於奔走投票者之要求，其能以超然局

〔註 117〕張君勱：《穆勒約翰議院政治論》，《新民叢報》第 4 年第 18 號，1906 年 11
月 1 日。

外之精神，專論事之是非，而一無顧忌者鮮矣。且以省對外則有省界，以省對內則有府縣界，朋黨比周，相與競勝，因逐鹿之故，置省政爲後圖」。民國以來的國會選舉中已出現眾多醜聞，「一總統選舉之故，全國上下魂夢爲勞，若更益以二十二省之省長，則全國可以終年搗亂，而遑論政治之進行乎，是故不聯邦而省長民選，既不可矣，聯邦而省長民選，尤不可也」。從實行聯邦制的國家觀察，省長的產生有美國的民選或者加拿大各邦的任命兩種方式，省制結構也以美國與加拿大二種較具代表性。張君勱認爲，美國各州依三權分立的原則，以議會爲州的最高權力機關，州長不能解散議會，容易造成議會專制的局面。加拿大的省長實爲虛職，「省長拱手受成，而總理獨攬大權」，這需要有健全的政黨。反觀中國，「委大權於省會矣，則省會所議，是否可以見諸施行，不可知也。省長又是否甘心俯首聽命，相安無事，不可知也，苟委大權於政黨矣，則政黨何在，而能立內閣之政黨又安在，……當斯時也，中央政府以號令全國之名義，出而干涉，則聯邦之謂何」。因此，張君勱得出聯邦制不適合中國的結論。

明確中央與地方權限是實行聯邦制的關鍵因素，在制度理念上，「中央有中央之事，外此不得濫出焉，各邦有各邦之事，外此不得濫出焉」；但在實際運作過程中，制度設計和相關規定不可能做到面面具到，中央與地方難免會對部分權限的劃分產生爭議，於是要求各聯邦國中，「有最高法院，按司法方法，以判其是非，爲法官者又常能應時之要求，與以公允之解釋」。國內上至中央大員下至地方實力派，慣於武力行事，而不甘就法廷判決，法官的權威也不足以持兩方之平。何況國內中央與各省權限不易劃定，即使劃定，「而中央之不職，時在可與各省以口實，各省之不職，時在可與中央與口實。……故可生無數法律爭議，至於莫可究詰。……況求一法院，以解決雙方之爭，則此機關之威信之經驗，豈旦夕可得而致者」。中國實施聯邦制缺乏公共事業的基礎，並且行政管理人才也極爲匱乏，「地方公共行政之基礎本無，……創法立制，向無睹聞，行政專家，求之不易，此則今日之大患也。」

從軍事、稅制以及統一問題上看，聯邦制也不適合中國。中國所面臨的國際環境是列強虎視眈眈，「不蓄重兵，不採極靈敏極統一之編制」，將無以應付外患。而聯邦原本兵力就弱，再加上地方對中央的不信任，往往嚴格限制軍事活動，從而削弱中央軍事力量。加之各邦有訓練民兵之權，「以此民兵之制行於中國，則吾以爲竊據兵柄，盤踞地方，而抵制中央者，必相望於道，

既無補於國家之軍事，徒以成地方之割據，此最不可不慎也。」因此，中國實行聯邦制不僅不利於發展軍事，保障國家安全，反而增強地方軍閥的分裂割據勢力，而且還使這一勢力合法化。聯邦稅制是聯邦與各邦的分稅制，聯邦的財政來源僅僅限於憲法明文規定的數者，而邦的稅收在剩餘者中徵收且不受中央管束。施行聯邦制，中央財力必定衰弱。中國當務之急是償還外債，保障國權，衰弱的中央財權不能擔此重任。更不要說由此帶來的種種弊病，「善後之費高達數千萬元，所恃財源為大舉外債，結果是損害國權。要保障國權，必須嚴格核實中央地方之政費，去冒濫浮冗，減少對外債的依賴並逐步償還外債。然而，「如今之局，名為統一，中央尚且不能監督各省之政費。一旦施行聯邦制，則各省自衛之術益工，而可藉口之處益甚，不特地方冒濫，無摧陷廓清之日，而中央且困於各省政費，而莫能自拔，則為禍之烈。……中飽之弊，甚於前清，包辦之制，奉為良策，若此百弊叢生之局，而謂可以建設聯邦，非便培克則圖分裂耳。」最後是統一問題，在張君勱看來，中國名為統一，實際上是內部軍閥割據，外臨列強瓜分企圖。「其所以至今以泱泱大國見稱於世者，惟恃此統一之外形耳。今諸君必欲將此統一之外形而破之，且進之為聯邦，外形破矣，而聯邦之實亦無所附麗」。〔註118〕

關於聯邦制與單一制的思考，也即知識精英對分權與集權的制度考量，誠如杜亞泉所論述：「集權制利於統一，而易流於專制，且統一之政令，不易適切於各地方之習俗人心，每致中央與地方之意思，不能融洽，起反抗或分裂之變；分權制利用人民之兩重愛國心，內治易於進步，而政令不統一，中央之政績不舉，各地方之爭議易興，對內對外均成孱弱之勢。」集權制與分分權制各具長短優劣，因此，杜亞泉主張分別取二者優長之處，進行折衷調和。〔註119〕民初知識分子主張聯邦制，多從工具性角度進行提倡。章士釗曾明確表示過：「主張聯邦制度為記者不欲贊成」，〔註120〕但為了反對袁世凱的倒行逆施，章士釗、張東蓀以及丁佛言等人以聯邦製作為挑戰袁世凱政府的合法性手段，一方面希望以此對抗強力集權主義，另一方面也希望探索重建社會秩序的可能性，但總體上，「這種聯邦制輿論的主要目的是反袁氏集權，

〔註118〕張君勱：《聯邦十不可論》，《大中華》1916 年第 2 卷第 9 期。
〔註119〕傖父（杜亞泉）：《中華民國之前途》，《東方雜誌》1911 第 8 卷第 10 號。
〔註120〕章士釗：《內閣制與聯邦制》，《章士釗全集》（2），北京：文匯出版社，2000年，第 76 頁。

但在這些知識分子心中，並未眞正認同聯邦制」。〔註121〕他們對政治變革的關注雖與時局變化緊密相連，所提主張立意也高遠，但缺乏可操作的具體措施，與此相比，張君勱對政局走向的把握相對準確，對制度的運作方式也比較熟悉，因而更重視提供可操作的具體方案。

聯邦制在中國不可行，所以只能參酌西方各國實施的經驗，張君勱主張結合中國實情創造適合的新制度，使之「集權之度，不必如俄法，分權之方，大異夫德美」。〔註122〕也即之前他在《省制草案》中主張明確劃分中央與地方權限，在維護統一的基礎上，實現各省的自由發展。張君勱反聯邦制，是在中央政治權威缺失的情形下，面對國內外不容樂觀的急迫局勢，所做出的冷靜思考。早在張君勱留學日本時，立憲派與革命派中，都不乏主張聯邦制者，提倡聯邦制者，多限於鼓吹，反對聯邦制者，也未能提出令人信服的理由，並且很少有人進行系統研究。而張君勱對中國不能實行聯邦制的原因形成了一定的理論體系，在諸如中央與地方關係、稅收、軍事等問題上頗有獨到見解。張君勱更多的是從一種深層次制度的思考，並非簡單作爲反對袁世凱的手段和參與政爭的工具。而後來「聯邦」、「省自治」成爲地方軍人割據稱雄的擋箭牌，也證實了張君勱判斷的準確性。

三、尋求國際地位的努力

通過建立中央權威的方式，實現統一，完成社會秩序新建構，只是張君勱現代性立國追求的一方面；此外他還希望中國能在國際社會上表達自己的聲音，在國際上中國應擁有相應的地位。鴉片戰爭之後，中國並不乏睜眼看世界之人，如林則徐、魏源等，但缺乏有世界眼光看待國際秩序者。面對列強的入侵，清廷屢戰屢敗，天朝上國的迷夢早已被摧殘得支離破碎。歷經「求強」、「求富」的挫折，國力式微的命運並未得到有效緩解。朝廷在內憂加劇外患頻仍的環境中疲於奔命，自無暇顧及對國際社會的理性認識，也無力尋求在國際上的定位。儘管在國際關係中，弱肉強食是最基本的法則，但相互之間的利益博弈依然有章可循。瞭解國際社會的遊戲規則和熟悉國際法，是弱國不可缺少的重要環節。因此，留學日本期間，張君勱在《政論》雜誌「外

〔註121〕龍長安：《近代中國聯邦制運動研究》，浙江大學博士學位論文，2008 年，第60 頁。
〔註122〕張君勱：《聯邦十不可論》，《大中華》1916 年第 2 卷第 9 期。

國本年記事」、「海外記事」等專欄上發表一系列文章，以學習國際法的專業眼光分析國際局勢，傳遞國際社會動態，〔註 123〕因而被譽為國際法專家。〔註 124〕

　　辛亥革命後，張君勱對民國的成立報以很大希望，不但積極參與政事，而且還發揮學習國際法的優勢，繼續發表對國際社會的觀察。民國成立不久，張君勱因發表《袁世凱十罪狀》，人身安全受到威脅，避禍留學德國，時值一戰爆發。為了考察交戰國的社會狀況和戰爭進展情形，張君勱不惜冒著生命危險到前線觀察，遊走於交戰之國，以其親身經歷和觀察，「嘗略舉外交、財政、軍事上一得之愚，以告國人」。〔註 125〕

　　張君勱印象最深刻的是在激烈的戰爭中，德國社會仍保持井然有序、國民嚴守紀律，「數百萬人之眾，不煩政府之強迫，可以一呼而集，各達於指定地點，」並且在七天之內有條不紊地運到前線，這與我國一兩萬軍隊的運輸，「尚不免於凌亂」，與德國之辦事效率比較，「相去何啻千萬里」。自 1915 年開始，因被封鎖，德國糧食缺乏，政府實行計口授食制，每人每星期給面包票七張，憑票購買麵包，「面包票制之行，以人口數目調查為基本，每星期換票一次，事至繁瑣，而德政府行之，乃相安無事」。如果換在中國，張君勱以上海為例，「偶聞米荒之報，富戶先屯積」，「若一旦行米穀集中之制，則操縱米價，調查人數，無在不與人以因緣為奸之機會」，但德國卻沒有此類事情發生。〔註 126〕為全面瞭解各交戰國概況，張君勱於 1915 年取道荷蘭，考察交戰國的另一方——英國。初到倫敦，他的第一印象是滿街張貼的都是招兵廣告，與德國人踴躍參軍，以當兵為榮的狀況形成鮮明對比。〔註 127〕

　　張君勱還詳細考察了戰時德國政府對銀行的運作，公債的發行及其原理

〔註 123〕張君勱在《政論》雜誌上發表：《日本第二十三議會之經過》、《法遇條約》、《德意志帝國議會之解散新選舉及開會》、《美國之排日問題》、《俄國議會之解散》、《日俄協約》、《日法協約》、《中亞細亞之政況》、《協約締結後之韓國》、《卡撒婆蘭克事件》、《俄德兩帝之會見》、《英德兩帝之會見》、《日俄協約》、《英俄協約》。參見《政論》1907 第 1、2 期。

〔註 124〕臺灣中國民主社會黨中央總部編：《開國前後言論集》，臺北：正中書局，1971年，第 81 頁。

〔註 125〕張君勱：《英軍需大臣路德喬琦氏之軍火與戰爭觀》，《東方雜誌》1916 年第 13 卷第 4 號。

〔註 126〕張君勱：《戰爭之全體性》，《再生》1937 年第 4 卷第 2 期。

〔註 127〕張君勱：《我從社會科學跳到哲學之經過》，《再生》1935 年第 3 卷第 8 期。

與租稅徵收。〔註128〕認爲「公債與租稅二者，其形式雖異，其歸結於國民之資力則同。民爲資力者，斯能負擔租稅，亦能應募公債，反是則不能負擔租稅者，斯不能應募公債」；「凡此民富之日增，即公債應募之所倚伏也」；「蓋天下惟國民富力最不易假借，積於中者，斯發於外，無所積者，斯無所發。」經濟實力德國不如英國，中央銀行的儲備德國不如法國，然而戰事爆發後，德國的經濟動員卻遠非英法所能望其項背，原因在於「近數年來，德國軍人學子之所汲汲勤求者，則未來之戰爭也，未來之戰時財政計劃也，其所謂戰時財政計劃者，有平日之籌備，猶之軍事上之常備兵額也，有興師之需要，猶之宣戰時之興師令也，有作戰費，猶之戰勝攻取之術也，惟其有此條理之研究，故戰時生計現象，已了然心目，而其遇之也有道。」〔註129〕

交戰各國的動向，戰況的進展都是張君勱關注的重點。通過具體分析戰時各國的財政方針，以便中國傚仿。「財力亦然，與師令初下時，政府之需欵幾何？兩國既接仗後，視其軍隊大小，戰期久暫。則政府之需欵又幾何？乃至若國內金融之流通，工商之維持，民食之籌備，皆爲政府所應有事，此謂戰時財政方針也」。〔註130〕張君勱觀察一戰，列舉德國、俄國、法國、奧地利、英國軍費，詳細考察軍費之來源、金融機構之組織與分工，分析戰時金融機構易出現的問題。「謂今日之戰，一方爲武力之競爭，而他方則爲財力之競爭，有財而無兵，固勝於財，而不能不屈於兵。有兵而無財，雖勝於兵，而不能不屈於財。故各國所汲汲勤求者，非徒兵力之戰勝，又在財力之戰勝也。抑戰時財政之計劃，雖交戰國所重，而中立國又寧能幸免哉，勝負之數，誠非中立國所能爲力，而勝負之影響，則爲中立國所同受。」〔註131〕

戰爭的一方是德奧土組成的同盟國，另一方是英法俄組成的協約國，日本和意大利分別於1914、1915年加入協約國陣營，並相互締結和約。張君勱就英、法、俄、日本、意大利締結五國不分和公約，其性質如何，各國立約的原因何在，和約對戰局的影響等問題，結合實際觀察進行分析，認識到盟約成立的兩大條件：「利害共同，故政策出於一致，一也；政策既一致矣，而

〔註128〕張嘉森：《列強戰時財政方針》（續），《浙江兵事雜誌》1916第24期。

〔註129〕張嘉森：《別錄：列強戰時財政方針》（續完），《浙江兵事雜誌》1916年第25期。

〔註130〕張嘉森：《列強戰時財政方針》，《浙江兵事雜誌》1915年第21期。

〔註131〕張嘉森：《列強戰時財政方針（續）》，《浙江兵事雜誌》1916年第22期。

締約國之實力足以盾乎其後，二也」。〔註132〕五國不分和公約的根本性質與普通之盟約無異，其所不同者在於普通之盟約平時戰時皆適用，不分和之約專為戰時而設。最為重要的是通過對五國不分和公約的分析，張君勱意識到日本入約意在中國，目的是截取德國在山東的權益，並向當局提出膠澳（青島）問題可能出現的局面，要求當局早作打算。通過對交戰各國情況的具體分析，張君勱指出，「正以其國小力微，不足為重輕故也，其在平時言之，凡號稱強國者，大抵有結盟約之資格，以一種政策之能達目的與否，不必盡賴武力，得一二友邦之協助，外交勝算，已可操券而獲，戰時則異是，萬事解決，都賴武力。兩國雖自信各具有幾何之實力，或以己力遠不敵敵。故不能不望人之助。或以意外之失敗，而不能不待援於人。故實力云者，較平時尤為重要。」〔註133〕

　　張君勱因為目擊歐戰初期情形，料定歐戰中德國不可能取得勝利，因此，主張中國參戰，仿傚意大利參與克里米亞戰爭，從而在國際上立功，而後在和會裏陳述苦衷，以排除敵國的壓迫，爭取國際社會同情。張君勱認為，只有「認定國家在國際上能立功，然後才可取消不平等條約，徒託空言，是無濟於事的」。〔註134〕1916 年從歐洲回國後，為了讓當局盡早決定參戰，張君勱「將《時事新報》主筆的職務交張東蓀繼任，自己則北上，四處游說有影響的政治人物，以爭取他們的支持。」〔註135〕從最終結果看，中國對德宣戰，〔註136〕儘管對參戰最終的決定上，因具體史料的缺乏，張君勱在其中究竟起到多大的作用不太容易判斷，但其富有遠見的洞察力卻不能否認。

　　對戰後議和問題，張君勱也根據自己的思考提出相應建議。他指出，欲與列強辯論交涉，必先弄清是非曲直，「故當此次戰後和議大會將開之前，我國國民應以全國一致所希望者為基礎，研究討論，對於世界而為一種之表示以俟各國之公斷，實我國民之天職而無可諉卸者也。」在議和大會中，張君勱認為除了解決山東戰事問題之外，「關於將來國家生存之問題，關於全世界

〔註132〕張嘉森：《評五國不分和公約》，《大中華》1916 年第 2 卷第 1、2 期。
〔註133〕張嘉森：《評五國不分和公約》，《大中華》1916 年第 2 卷第 1 期。
〔註134〕張君勱：《我從社會科學跳到哲學之經過》，《再生》1935 年第 3 卷第 8 期。
〔註135〕鄭大華：《張君勱傳》，北京：中華書局，1997 年，第 51 頁。
〔註136〕中國對德宣戰，在當時也有軍閥派系鬥爭的成分，張君勱後來回憶道：「不料因此問題，反釀成復辟運動，接著又是打倒復辟，憲法工作，因此擱置，國會也就解散了。」參見張君勱：《我與憲法》，《再生》1934 年第 2 卷第 9 期。

組織之問題，關於永久和平之問題，亦必有以解決之。是故吾人亟宜就國家生存與國際政局問題上探究其所應提出之議和條件，以供各國之公斷而待其解決。」中國應要求撤銷庚子賠款，主張關稅及商約之自由，歸還租讓土地和廢止秘密條約與秘密交涉。〔註137〕

巴黎和會召開之前，張君勱對會期的長短、議事方法、議題、各國全權代表人物進行了深入分析，提出「吾國既已參戰，自當有所論列，而外人中聞中國有提出某條件之說，輒加嘲笑，謂爲無異於小孩之索餅飴，殊可異也，余以爲中國所應要求之條件，本以不平等爲立論之根據，既已不平等矣，則當然有要求之權利，既已參戰，固當提出，即不參戰，亦當提出，初（除）非過分之要求」。〔註138〕他還第一時間將《國際聯盟條約（第一次草案）》譯成中文，以便國人瞭解相關內容，爲了方便國人準確理解和把握，他還結合自己的理解進行深入淺出的解釋。〔註139〕

小結

社會主義曾在張君勱公開發表的第一篇文章——《穆勒約翰議院政治論》中出現過，但僅是忠實翻譯密爾對英國社會問題的論述，就其早年的言行志業可以看出，社會主義還沒引起張君勱的關注。從傳播學看，日本是當時向中國傳播社會主義的重鎮，不少學者已經多次發表與社會主義相關的文章，張君勱不可能接觸不到社會主義思想。之所以沒有對社會主義進行應有的關注，原因大抵有二：一是張君勱關心的立憲政治的實現，醉心於密爾的代議制政府，認爲致力於設議院開國會中國就能向日本一樣走向富強；二是張君勱對社會主義缺乏瞭解，也對社會主義不感興趣。根據張君勱晚年的回憶，他與社會主義的淵源始於1913年留德，〔註140〕當時他曾與德國社會黨領導人

〔註137〕張君勱：《未來議和大會中中國應提出之議和條件》，《法政學報》1918年第2期。

〔註138〕劉震：《張君勱先生談歐洲議和大會之豫測》，《法政學報》1918年第6~7期。

〔註139〕參見張嘉森譯：《國際聯盟條約第一次草案》，《法政學報》1919年第11期；《國際聯盟條約（第一次草案）略釋》，《法政學報》1919年第11期。

〔註140〕張君勱在《社會主義思想運動概觀》一書中回憶到：「自第一次世界大戰以來，可以說：我都一直置身於世界民主社會主義潮流之中。記得1913年，我正在德國留學。那正是第一次世界大戰前一年，我就開始與德國民主社會主義者接觸了。」參見張君勱：《社會主義思想運動概觀》，臺北：稻鄉出版社，1988年，第3頁。

有過接觸，但社會主義也未引起他的興趣。主要關注重心是對各國戰況的瞭解，對交戰列國財政制度、戰爭動員的觀察，希望以西方各國的經驗爲中國尋求富強提供借鑒。

1920 年代之前，張君勱關注民主憲政，雖不能否定其民主層面的價值訴求，但民主始終是作爲尋求富強的手段。因此，留學日本時他關注的主要對象是代議制政府的原理和現代政黨的運作。他的言說重心也主要集中在運用西方政黨理論，結合自己對國內政治形勢的判斷，就政黨在中國的作用、意義發表看法。從尋求富強的目的出發，張君勱認可政黨對民主憲政的關鍵作用，看重政黨對提高國民政治素質的功能，並將政黨與國家的命運相聯繫起來，雖然他對政黨論述還不系統，但他對政黨問題的論述構成了初具形式的政黨觀念，也反映出其思想演進的軌跡，爲日後的社會主義選擇和組建政黨奠定了思想基礎。民國建立後，張君勱對民主憲政的追求開始從理論轉向實踐，參與湯化龍等改組共和建設討論會爲民主黨，致力於政黨理念的實踐，由早年偏重代議制與政黨的學理探求到重視實現民主的具體運作，從坐而言到起而行。參與政黨組建的實際運作，爲其後組建政黨的活動積累了相應經驗。1913 年留德時，張君勱主要關注各國戰況，觀察交戰列國財政制度和戰爭動員，希望以西方各國的經驗爲中國提供借鑒。此外，還潛心學習國際法，爲中國尋求國際秩序。張君勱重視國際秩序的作用，其實還含有這樣的理念：通過對中國在過去和現代世界中的合理定位，表明中國一直以來對國際化進程的影響與參與，並追求由此派生出的現代性。

總之，張君勱早年的注意力始終集中在尋求富強的努力上。他每到一國，都在觀察其治理得失，希望爲中國尋求借鑒之道。留學日本，作《日本租稅制度論》，詳細考察了日本近四十年財政的收入與支出。〔註 141〕指出日本自明治維新以來，短時間崛起，之所以能在日俄戰爭和中日甲午戰爭中取勝，在張君勱看來，財政當局獨具苦心，功不可沒。日本政府通過整理紙幣，償還公債，以樹國家之信用；定兌換之制，設日本銀行，以統一金融機關；改正

〔註 141〕張君勱將日本近代財政制度的形成分爲三期：自明治初年以至二十三年第一次國會召集爲第一期，自二十四年以迄二十八年中日戰爭之末是爲第二期，自二十九年中經俄日戰役迄於今日是爲第三期。日本「兌換制度之確立，公債之借換整理，地租條例之改正，會計預算法之制定，此日本財政史中最不可磨滅之點，而煥然一新之時期實自此始。」張嘉森：《日本租稅制度論》，《憲政新志》1909 年第 1 期。

地租，新創稅目，以張租稅之系統；定會計法，發佈金庫規則，以完財務行政機關。而反觀國內，「政府之信用久墜，內治外交又無一事足以繫海內之望」，「一言加稅，舉國人民群起反對」，如果當局對財政缺乏「精心爲國立久遠之規、作根本之計」，中國財政基礎恐終無確立之日，而海軍籌備、陸軍擴張、蒙藏經營等強國之道，皆無從談起。財政整理，當從稅制入手，張君勱引美國波蘭恩（Plehn）的觀點，認爲近世稅制之發達，在於立憲主義和產業革命，「實行立憲主義，國民不僅擁有監督財政的權力，而且政治上的平等主義，推動租稅的公平與普及」。〔註142〕日本的成功經驗，使張君勱意識到，嚴格劃定各方面權利和義務界限的憲政法律體系是中國走向富強的當務之急；因此，他在民國元年四五月份草就《省制草案》，但並不認同以地方自治爲基礎建設富強國家的路徑，他參與創設的民主黨政綱中，就明確表示「建設強固政府」的意願，因爲地方自治無疑會一定程度上造成中央權威的減弱。

　　無論參與組建共和建設討論會和民主黨，還是發表《袁世凱十大罪》，張君勱都是以體制內的身份參與政治，其最終指向是實現國家富強，民主憲政、代議制和政黨等都不過是尋求富強的手段。組黨參與政治的失敗，使張君勱進一步瞭解民國成立後社會所面臨的實際問題，審視西方代議制在中國的實現問題，爲尋求立國之道時選擇社會主義奠定了可能。張君勱追求以憲政達於富強的目的雖然未能實現，但相關政治活動的參與，對憲政理念的探求，積累了深厚的憲政理論基礎。也正是因爲他對民主憲政的瞭解，對代議制的認同，對自由主義理念的嚮往，對民族國家現代走向的關注，從而使張君勱在以後的社會主義選擇中，將民主社會主義作爲改造社會和重建秩序的立國訴求，即社會主義的實現方式是在憲政框架下通過和平方式現實，而非蘇俄式的暴力革命。

〔註142〕張嘉森：《日本租稅制度論》，《憲政新志》1909 年第 1 期。

第二章　從尋求富強到追尋民主：
社會主義思想的形成

　　《臨時約法》將政府與政黨的合法性歸屬於法理框架內，然因人立法的不正當做法又讓法理框架空置無用，二次革命、袁氏稱帝、軍閥混戰等問題接踵而至。五四運動後，被高舉的「民主」、「科學」大旗響徹神州大地，但二者更多是被新文化運動健將們賦予思想啓蒙和解放的意義，而非實際層面的制度設計和科學技術的應用。總之，尋求富強的最基本條件──社會秩序遲遲沒有建立起來。歷經民國初期的一系列政治參與失敗後，張君勱於1919年底隨同梁啓超考察歐洲，重新思考中國的社會改造問題，富強已不再是改造中國的邏輯起點，政治民主與社會公道才是張君勱的眞正追求。1922年，張君勱在《國憲議》一書中，對以富強爲邏輯起點的立國訴求進行了深刻反思，明確表示世界一切活動，應以人類之幸福爲前提，反對十九世紀以來「以圖富強之故而犧牲人類」，因此他主張「寧可犧牲富強，不願以人類作工廠之奴隸牛馬焉，……而十九世紀以來急切之功利論，則敝屣之可矣。」張君勱從尋求富強到追尋民主的轉變，也是他與梁啓超等人考察一戰後歐洲社會的結果。第一次世界大戰不僅改變了世界格局，也改變了中國思想界對西方文明的看法，不少知識分子不再是毫無保留肯定。

　　1918年12月，張君勱隨梁啓超歐遊，並留在歐洲進行了長達三年考察和學習。經他多方審視，認爲歐洲以犧牲人類幸福爲代價的富強，導致「陷入社會革命之狀態」，而中國工業發展伊始，應防患於未然，「一切法制之中，

應以貧富懸絕爲大戒，而憲法爲法中之法，應有專條規定」。〔註 1〕張君勱依然認可自由主義的價值理念，但對以富強爲終極目標的理念提出強烈的批評，他在《國憲議》中寫道：

> 凡個人才力，在自由競爭之下，盡量發揮，於是見於政策者，則爲工商立國，凡可以發達富力者則獎勵之，以國際貿易吸收他國脂膏，藉國外投資爲滅人家國之具。而國與國之間，計勢力之均衡，則相率於軍備擴張，以工商之富，維持軍備，更以軍備之力，推廣工商，於是終日計較強弱等差，和戰遲速，乃有亞思乘時逞志若德意志者，遂首先發難，而演成歐洲之大戰。今勝敗雖分，榮辱各異，然其爲人類之慘劇則一而已。於是追念往事者，悟昔日之非，謂此乃工商立國之結果也，此乃武裝平和之結果也。一言以蔽之，則富國強兵之結果也。夫人生天壤間，各有應得之智識，應爲之勞作，應享之福利，而相互之間，無甚富，無赤貧，熙來攘往於一國之內與世界之上，此立國和平中正之政策也。乃不此之圖，以富爲目標，除富以外，則無第二義，以強爲目標，除強以外，則無第二義，國家之聲勢赫赫，而於人類本身之價值如何，初不計焉。德意志雄視中歐，所恃爲出奇制勝之參謀部，而今安在哉？俄相威德氏奪我東清鐵道，令我北鄙無寧日，而今安在哉？國而富也，不過國內多若干工廠，海外多若干銀行代表；國而強也，不過海上多幾艘兵艦，海外多占若干上地。謂此乃人類所當竟爭所應祈向。在十九世紀之末年，或有以此爲長策者，今則大夢已醒矣，故有裁兵之說與國際聯盟之組織。雖外交形勢，不脫縱橫稗闔之故智，然對外以人類一體爲依歸，對內求社會生計之公道，此世界今後之趨勢，殆無疑義者也。〔註2〕

從張君勱的上述言論可以看出，一戰的悲劇正是「富國強兵之結果」，其主張也從之前以富強爲立國訴求轉向追尋「立國和平中正之政策」，張君勱的轉向並不是否定富強對中國的意義，而是指出富強不是以犧牲人的幸福爲代價，強調民主是富強的基礎而不是富強的手段。

〔註 1〕 張君勱：《國憲議》，上海：時事新報社，1922 年，第 111 頁。
〔註 2〕 張君勱：《國憲議》，上海：時事新報社，1922 年，第 106～107 頁。

　　張君勱認同西方文化在民主政治上的制度建構作用，批評中國傳統文化帶來的種種弊端，但反對胡適等人對傳統文化全盤否定的態度，也不贊成科學萬能的觀點。在五四運動的影響下，「科學」被提高升至高無上的地位，張君勱對此持保留態度，認爲一戰給人類帶來的巨大災難，正是由於工具理性完全取代價值理性的結果，因此他於 1923 年在清華大學以「人生觀」爲題演講時，對「科學萬能」的思想傾向提出批評，〔註3〕並由此引發影響深遠的「科玄論戰」。〔註4〕在《人生觀》一文中，通過對中、西文明的對比，張君勱認爲，「自孔孟以至宋元明之理學家，側重內心生活之修養，其結果爲精神文明。三百年來之歐洲，側重以人力支配自然界，故其結果爲物質文明。」中國文化是「精神文明」，西方文化是「物質文明」，而「物質文明」的文化到底不足以解決人生觀問題，所以導致了「一戰」的災難。〔註5〕因此在個人修養、社會倫理等方面的建設上，張君勱主張在對儒家文化進行揚棄的基礎上復興儒學，一方面可以彌補西方文化過於側重物質文明的弊端，另一方面從增強民族自信心的角度也需發揚傳統。在 1922 年出版的《國憲議》中，他就已經提出：「《禮運》大同之論，《論語》不患寡而患不均之言，乃吾國文明之精粹，建國之根本也。歐美之人私其富，國私其富，內成階級之爭，外釀國際之戰，不足取法者也。」〔註6〕強調

〔註3〕 在 1923 年 2 月 14 日，張君勱在清華大學以「人生觀」爲題演講指出：科學與人生觀根本不同，「科學之中，有一定之原理原則，而此原理原則，皆有證據」；然而「同爲人生，因彼此觀察點不同，而意見各異，故天下古今之最不統一者，莫若人生觀。」他接著將科學與人生觀加以比較，列舉了以下五點區別：第一，科學爲客觀的，人生觀爲主觀的；第二，科學爲論理的方法所支配，而人生觀則起於直覺；第三，科學可以以分析方法下手，而人生觀則爲綜合的；第四，科學爲因果律所支配，而人生觀則爲自由意志的；第五，科學起於對象之相同現象，而人生觀起於人格之單一性。總之，張君勱認爲：「人生觀之特點所在，曰主觀的，曰直覺的，曰綜合的，曰自由意志的，曰單一性的。」科學關乎物質而人生觀關乎精神，「科學無論如何發達，而人生觀問題之解決，決非科學所能爲力，惟賴諸人類之自身而已」。張君勱：《人生觀》，《清華周刊》1923 年第 272 期。

〔註4〕 身爲地質學家的丁文江閱讀張君勱的《人生觀》一文後，於同年在《努力周報》第 48、49 期上發表《玄學與科學》，痛責張君勱被「玄學鬼」附了身，由此爆發「科玄論戰」。胡適、梁啓超、吳稚暉、陳獨秀等人都捲入到這場論戰中，一直到 1924 年年底基本結束，歷時將近兩年之久。雙方論戰文章均收入汪孟鄒編：《科學與人生觀》，上海：上海亞東圖書館，1923 年；郭夢良編：《人生觀之論戰》，上海：上海泰東圖書局，1923 年。

〔註5〕 張君勱：《人生觀》，《清華周刊》1923 年第 272 期。

〔註6〕 張君勱：《國憲議》，上海：時事新報社，1922 年，第 117 頁。

「科學萬能」，人生的意義將可能失去歸依，民族的生命也可能得不到合理的安頓。〔註7〕張君勱強調，「富強政策不足爲吾國將來之政策」，理由是：「我國立國之方策，在靜不在動，在精神之自足，不在物質之逸樂，在自給之農業，不在謀利之工商，在德化之大同，不在種族之分立。」從中國以富強爲終極目標的結果來看，儘管數萬噸之大艦往來於揚子江口岸，數萬匹馬力的發動機日夜運轉於津滬粵溪之市場，工廠汽笛高鳴，然而，工人日夜辛勤勞累方能勉強糊口，「多而不均，富而不安」的趨勢已越來越嚴重。當然，張君勱並非反對發展工商業，而是要求「工商之發展，要必與社會倫理相調和」；反對國家急於求富，「而工人則以奴隸牛馬待之」。〔註8〕

　　自1920年代初以來，張君勱不再以民主憲政作爲富強的手段，而是將富強視爲自由意志培養的有利條件，不斷嘗試運用民主憲政的制度去規範社會秩序，以求達到富強與公道之間的平衡。當然，追尋民主並不排斥尋求富強，民主與富強並非決然相反的兩極。尋求富強只是增強國力的單一維度，追尋民主還可以宣佈獨裁專制爲非法，有效保障個人權利。儘管富強也符合救亡圖存的危機意識，在民族主義高漲的情況下，尋求富強的相關號召具有廣泛社會動員力量，但「民主」話語所建構的論述空間，卻能給知識分子以新的理想和希望。以富強爲終極目的不但會遮蔽對民主政治的追求，而且也不利於個體生命的關懷。張君勱在答丁文江質疑《人生觀》的文章中指出，「當此人欲橫流之際，號爲服國民之公職者，不復知有主義，不復知有廉恥，不復知有出處進退之準則。其以事務爲生者，相率於放棄責任；其以政治爲生者，朝秦暮楚，苟圖飽暖，甚且爲一己之私，犧牲國家之命脈而不惜。」針對丁文江引「衣食足而後知禮節，倉廩實而後知榮辱」，說明「生計充裕」則人將樂於爲善，張君勱並不贊同，在他看來，即使將美國煤油大王之資財全部給予軍閥與政府，財政問題也依然得不到有效緩解，因爲當局者不知禮節、不知榮辱；即使傾英倫法蘭西日本三國家銀行之資財以畀軍閥與政府，政治也依然不可能清明，因爲當局者不知禮節、不知榮辱。他認爲，「國事鼎沸綱紀

〔註7〕 張君勱在《再論人生觀與科學並答丁在君》一文中明確指出：「近三百年之歐洲，以信理智信物質之過度，極於歐戰，乃成今日之大反動。吾國自海通以來，物質上以炮利船堅爲政策，精神上以科學萬能爲信仰，以時考之，亦可謂物極將返矣。」參見張君勱：《再論人生觀與科學並答丁在君》，《晨報副刊》1923年5月8～14日。

〔註8〕 張君勱：《國憲議》，上海：時事新報社，1922年，第108～110頁。

凌夷之日，則治亂之眞理，應將管子之言而顛倒之，曰：知禮節而後衣食足，知榮辱而后倉廩實。」〔註9〕富強不一定民主，民主則完全可以促進富強的實現。尋求富強很大程度上仍然是器物層面的考慮，而追尋民主則既有制度上的考量，也有文化層面的反思。當然尋求富強與追求民主絕非兩分法，追求民主的過程中同時也夾雜尋求富強的旋律。總之，民主是政治的最終指向，富強不是民主政治的邏輯支撐，它僅僅是民主政治的副產品。

第一節　社會主義改造中國理念的提出

民國成立，張君勱的最初政治主張是希望聯合袁世凱，在《中華民國臨時約法》的框架下，通過組建政黨的方式，完成社會秩序的重建。然而，隨後的復辟亂象，北洋武人干政，打斷了張君勱以及許多同時代知識分子的理想訴求。巴黎和會中，西方大國所謂代表公理公義的形象也在知識分子心中倒塌，英美雖是借鑒的主要對象，但已不是學習的唯一路徑。尤其是五四後，中國的出路具有多重前景。社會主義帶給知識分子極大的希望，通過比較德俄兩種不同路徑之後，觀察蘇俄社會主義的運作情況和國民黨以蘇俄模式進行以黨造國的北伐革命，張君勱看到德國民主框架下的社會主義更適合中國的發展需求。1921 年，張君勱在《懸擬之社會改造同志會意見書》一文引言中提出：改造之大本大源，「曰去人的結合而代之以主義的結合，曰去政客之播弄而代以群眾運動，曰去人的起伏而代以制度的變更。誠本此三點爲信仰中心，結合團體，不獨解目前糾紛已焉，坦坦蕩蕩一條大路」。〔註10〕張君勱明確將民主政治和社會主義作爲今後改造的大方向，那麼，在他的理念中，什麼是社會主義？什麼條件下能夠實現社會主義？社會主義的實現方式是什麼？本節將圍繞這一系列問題，對張君勱的社會改告藍圖展開全面討論。

一、張君勱選擇社會主義的國際國內背景

從儒家傳統中尋找社會主義的合法性資源，是當時知識分子的一貫做法，中國歷史上的井田制及其相關政治思想所倡導的「均平」與「大同」思

〔註9〕 張君勱：《再論人生觀與科學並答丁在君》，《晨報副刊》1923 年 5 月 8～14 日。
〔註10〕 張君勱：《懸擬之社會改造同志會意見書》，《改造》1921 年第 4 卷第 3 期。

想，與近世社會主義追求人人平等的理想十分相似。早在洋務運動時期，王韜、黎庶昌、李鳳苞等人已經先後接觸到社會主義學說，他們對社會主義的認知多以中國的大同思想進行附會，並以「大同」、「均平」、「均貧富」等詞概括社會主義。大同學說的確為近代中國知識分子憧憬和構建新社會、新世界提供了重要的民族文化資源。〔註11〕由於剛接觸社會主義不久，不少人甚至將其與無政府主義相等同，劉師培、李石曾、江亢虎等無政府主義者也成為早期社會主義的重要介紹者。他們在解讀和界定社會主義時，也借用了「大同」、「公道」、「至公」之類的詞。如李石曾在《社會主義》一文中，是這樣界定社會主義的，他說：「社會主義者，無自私自利，專憑公道真理，以圖社會之進化；無國界，無種界，無人我界，以冀大同……」。〔註12〕江亢虎在《社會主義研究會開會宣言中》，也宣稱：「社會主義者，大同之主義，非差別之主義。不分種界，不分國界，不分宗教界，大公無我，一視同仁，絕對平等，絕對自由，絕對親愛。」〔註13〕

　　梁啟超從均貧富的角度認識社會主義，「由於過度的自由競爭導致了小資本家力不克任，相次倒閉，弱肉強食，兼併盛行，於是生計界秩序破壞，勞動者往往忽失糊口之路，勢亦不得乞憐於彼之能堪劇爭之大資本家，故大資本家從而壟斷焉。庸率任意克減，而勞力者病；而物品復趨粗惡，而消費者病；原料任其獨佔，而生產亦病；此近世貧富兩極之人所以日日衝突，而社會問題所由起也」，「故於學理上而產生出所謂社會主義者」。梁啟超認為歐美社會由於自由競爭產生的壟斷，導致了社會嚴重的貧富不均，社會主義在於補救自由競爭的弊端。〔註14〕1904 年 2 月，在《中國之社會主義》一文，他認為社會主義與中國古代的井田制相似，指出：「中國古代井田制度，正與近世之社會主義同一立腳點。」〔註15〕同年 3 月，在《新大陸遊記》中，梁啟

〔註11〕大同社會是古代中國人長期追求的一種理想社會，是中國式的烏托邦社會，關於大同社會，《禮記·禮運》這樣描述：「大道之行也，天下為公，選賢與能，講信修睦。故人不獨親其親，不獨子其子，使老有所終，壯有所用，幼有所長，矜寡孤獨廢疾者皆有所養，男有分，女有歸。貨惡其棄於地也，不必藏於己；力惡其不出於身也，不必為己。是故謀閉而不興，盜竊亂賊而不作，故外戶而不閉。是謂大同。
〔註12〕李石曾：《社會主義》，《新世紀》1907 年第 6 號。
〔註13〕江亢虎：《社會主義研究會開會宣言中》，《社會星》1911 年第 2 期。
〔註14〕梁啟超：《二十世紀之巨靈托辣斯》，《新民叢報》1903 年第 40～43 號。
〔註15〕梁啟超：《中國之社會主義》，《新民叢報》1904 年 2 月 14 日，第 46、47、48 合刊。

超又進一步認為「蓋國家社會主義，以極專制之組織，行極平等之精神，於中國歷史上性質，頗有奇異之契合也。以土地盡歸國家……各種大事業，如鐵路、礦務、各種製造之類，其大部歸於國有。」〔註16〕孫中山也認為：「考諸歷史，我國因素主張社會主義者，井田之制即均產主義之濫觴，而累世同居，又共產主義之嚆矢，足見我國人民之腦際，久蘊社會主義精神。」〔註17〕社會主義就是「均無貧、和無寡，安無傾」的理想大同社會，「實行社會主義之日，即我民幼有所教，老有所養，分業操守，各得其所」。〔註18〕

　　民國建立後，雖然社會主義在思想文化界得到了進一步傳播，但多數知識分子仍將社會主義與大同學說相提並論。一些主張發揚傳統文化的人認為「所謂社會主義者，稽諸禮運，我先民固早有此胎觀矣。」〔註19〕並指出：「今之所謂新思潮，無論如何推行至滿志躊躇，亦終不能出禮運大同一章之古說。」〔註20〕俄國十月革命後，孫中山曾認為，「夫蘇維埃主義者，即孔子之所謂大同也。孔子曰：「大道之行，天下為公，選賢與能，講信修睦。……露國（指俄羅斯）立國之主義不過如此而已。」〔註21〕之後，當他重新闡釋三民主義時，更是認為民生主義與社會主義、大同主義三者本質一致，指出「民生主義就是社會主義，又名共產主義，即是大同主義。」並指出：「真正的民生主義，就是孔子所希望之大同世界。」〔註22〕蔡元培也將大同學說與社會主義兩者相提並論，認為：「我們中國本有一種社會主義的學說，……《禮運》記孔子說：『人不獨親其親，不獨子其子，使老有所終，壯有所用，幼有所長，矜寡孤獨廢疾者皆有所養，男有分，女有歸。貨惡其棄於地也，不必藏於己；力惡其不出於身也，不必為己。』就是『各盡所能，各取所需』的意義，且含有男女平等主義。」〔註23〕第一次世界大戰的爆發，使資本主義的弊端更

〔註16〕梁啓超：《新大陸遊記》，湖南人民出版社，1981年，第48頁。

〔註17〕孫中山：《孫中山全集》（2），北京：中華書局，1982年，第507頁。

〔註18〕孫中山：《孫中山全集》（4），北京：中華書局，1985年，第450頁。

〔註19〕張爾田：《孔教》，《甲寅雜誌》，1914年第1卷第3號。

〔註20〕柯璜：《璜對於世界新思潮之新生活惟在吾國今日大有懷疑之問題謹一一表出願與全國主張新文化者共討論之》，《孔教十年大事》第2卷，太原宗聖會，1924年，第85頁。

〔註21〕孫中山：《孫中山全集》（8），北京：中華書局，1986年，第405頁。

〔註22〕孫中山：《孫中山全集》（9），北京：中華書局，1986年，第355、394頁。

〔註23〕沈善洪主編：《蔡元培選集》（下），杭州：浙江教育出版社，1993年，第1249～1250頁。

加暴露。戰後梁啓超遊歷歐洲，目睹歐洲民生凋敝和尖銳的社會矛盾，益發增強了對於西方社會主義運動的好感，因而強調：「講到國民生計上，社會主義自然是現代最有價值的學說。」〔註 24〕總之，社會主義在五四運動之後演變成影響中國前途和命運的社會思潮。

五四運動之前，梁啓超有很多關於社會主義的論述，張君勱雖於留學日本時師從梁啓超，在革命派與立憲派之爭時也曾就中國的發展前景表達過自己的關切，但在社會主義問題上張君勱這一時期並未受到梁的影響。張君勱的論述中也鮮有提及社會主義。辛亥革命之前，張君勱主要關注代議制政治對解決中國問題的可能性，民國成立後，則以建設者的心態看待社會問題，在尋求富強的理念驅使下，張君勱的興趣主要在國際法方面，希望能從國際法入手，使中國融入於國際秩序中。民主憲政依然是學習西方唯一選擇，同時，在德國和蘇俄革命成功之前，世界上也還沒有社會主義成功的歷史經驗，所以張君勱並未關注社會主義思潮。相對而言，張君勱對社會主義產生興趣較張東蓀晚。〔註 25〕民國初年，張東蓀注意到社會主義問題，不過他認為社會主義不適合當時中國的需要，提出以資本主義發展實業的主張。〔註 26〕時至五四運動時期，張東蓀的思想發生很大轉變，從反對社會主義轉向致力於介紹社會主義，這種轉變在他發表《第三種文明》中得到集中體現，認為社會主義是一種「新文明」，在中國宣傳社會主義，就是順應世界文明發展的趨勢。〔註 27〕

俄國十月革命後，思想界將目光紛紛轉向蘇俄。俄國十月革命後不久，德國也爆發了十一月革命，社會民主黨右派掌權，並於 1919 年成立了德意志共和國。此時正值張君勱陪同梁啓超歐遊訪問，德國社會民主黨的內外政策，引起張君勱極大的興趣。張君勱思想中民主憲政、社會主義和新儒學的三個面相也在這次歐洲之行中形成。〔註 28〕社會主義及其理念進入張君勱的言說中，始於 1919 年翻譯《俄羅斯蘇維埃聯邦共和國憲法全文》。時值巴黎和會

〔註 24〕 梁啓超：《歐遊心影錄》，《梁啓超全集》，北京：北京出版社，1999 年，第 2984 頁。

〔註 25〕 張東蓀關注社會主義，並致力於社會主義的宣傳和介紹，參見左玉河：《張東蓀傳》，濟南：山東人民出版社，1998 年，第 118～165 頁。

〔註 26〕 張東蓀：《中國之社會問題》，《庸言》1913 年第 1 卷第 16 號。

〔註 27〕 張東蓀：《第三種文明》，《解放與改造》1919 年第 1 卷第 1 號。

〔註 28〕 薛化元：《民主憲政與民族主義的辯證發展——張君勱思想研究》，臺北：稻禾出版社，1993 年，第 31～32 頁。

召開，張東蓀致函正在歐遊訪問的張君勱，建議他注意瞭解歐洲各國的社會主義問題：「世界大勢已趨於穩健的社會主義，公等於此種情形請特別調查，並搜集書籍，以便歸國之用。」〔註29〕

　　社會主義思想在張君勱留學日本期間就已開始在國內流傳，並且日本是當時中國社會主義思想的主要來源地，那為何張君勱會在五四前後才選擇社會主義，並且與國內主流思潮的選擇背道而馳──選擇民主社會主義，而不是其它社會主義？辛亥革命後，傳統的崩潰並未帶來新秩序的建立，專制也沒有隨著清王朝的落幕而進入歷史。共和的旗幟有了，憲政的口號也有了，但張君勱所追求以政黨政治為基礎的代議制政府卻沒有成立，憲法也遲遲難產，議會成為各路軍閥彼此攻伐的幌子。張君勱不得不重新審視民主憲政的實現方式，他不願放棄民主憲政的價值理念，又渴望找到一條解決中國問題的發展路徑，德國社會民主黨既實行社會主義，同時又高揚憲政的民主社會主義成為最理想的選擇參照。

　　張君勱選擇社會主義的另一原因，是對英美主導下國際秩序的失望。儘管辛亥革命以來，民主憲政的實踐並未解決實際問題，但西方以民主、法制、人權為核心的價值理念仍然被當作拯救國內政治的唯一良方。絕大多數知識分子相信，西方民主制度源於英法美等國，並且在這些國家有著完美實踐，那麼它們無疑代表著正義和公理，是在為自由和平等而戰。不僅張君勱受此影響，當時所有知識分子都受到影響。陳獨秀認為中國參戰是「懲彼代表君主主義、侵略主義之德意志，以扶人類正義，以尋吾國之活路」。〔註30〕1918 年 1 月 8 日，美國威爾遜總統在國會演說中發表「十四點綱領」，提出「以正義為前提，使國無強弱，共享均等之自由與生命之安全」。〔註 31〕知識分子對威爾遜主張的公海自由、自由貿易、縮減軍備、民族自決等推崇備至。梁啟超對威爾遜提出的「國際聯盟」與中國的「大同世界」觀念相提並論，認為：「中國政治學者之理想為大同。大同者，四海一家之意，國際大同盟，功成圓滿，即達此域。」〔註32〕杜亞泉也認為這是「以正義公道為基礎的」新文明產生，中國可以在未

〔註29〕張東蓀：《與君勱、子楷、百里、振飛四兄書》(1919)，見丁文江、趙豐田編：《梁啟超年譜長編》，上海：上海人民出版社，1983 年，第 893 頁。

〔註30〕陳獨秀：《俄羅斯革命與我國民之覺悟》，《新青年》1917 年第 3 卷第 2 號。

〔註31〕蔣夢麟譯述：《威爾遜參戰演說》，上海：商務印書館，1918 年，第 35 頁。

〔註32〕梁啟超：《梁任公在協約國民協會之演說詞》，《東方雜誌》1919 年第 16 卷第 2 號。

來的談判中修正關稅、領事裁判權等「條約上所受屈辱」外，還有「無形中已為吾國所獲得者」，包括「軍武勢力之削減」、「海外移民之發展」、「道德基礎之穩定」。〔註33〕在《國際聯盟草案》出臺時，張君勸掩飾不住內心的興奮，認為「國家為最高團體之觀念打破矣，吾為國賀！吾為世界賀！所以賀者何？人類不以國家自域，而進求國家上之結合，此人類進化之證，而人道主義之始基也。」〔註34〕然而，一切憧憬和希望都在巴黎和會上受到無情的摧毀，美國駐華公使芮恩施這樣描述道：「世界上可能沒有任何地方像中國這樣對美國在巴黎的領導抱著如此大的希望。中國人信任美國，信任威爾遜總統時常宣佈過的原則，他的話語傳播到中國最遠的地方。正因為如此，那些控制巴黎和會的老頭們的決定，使中國人民有著更強烈的失望和驚醒。」〔註35〕而蘇俄發表加拉罕宣言，宣佈廢除沙俄時代在中國境內享有的一切特權，「在一般青年看來，日本和其他列強都在欺侮中國，只有蘇俄是例外」。〔註36〕蘇俄與英美之間形成強烈的對比，給知識分子的感覺是，代表公平正義不再民主憲政的故鄉，而是新興的社會主義。如果歐美列強也變成社會主義的國家，中國問題將迎刃而解，這是當時大多數知識分子理想的邏輯起點。英美不再是改造中國的唯一參照，社會主義作為救治資本主義社會的良方，也受到中國知識分子的歡迎。不過，思想界對社會主義仍然缺乏準確的認知，基爾特社會主義、民主社會主義、馬列主義等一併呈現在知識分子的視野中，中國需要什麼樣的社會主義，這也是一個有待進一步思考和探索的問題。

　　避免社會革命是張君勸青睞社會主義的重要原因之一。1919 年初，張君勸與梁啓超一行人剛踏上歐洲，看到的不是國泰民安、繁華似錦理想社會，而是大量工人失業，罷工彼起此伏的景象。他在 1928 年發表的《1919～1921年旅歐中之政治印象及吾人所得之教訓》中追述：天天目睹食品的缺乏，住房的擁擠不堪，人們生活於動蕩不安的社會中，由此他作出那種社會制度不會長久的判斷。〔註37〕如果再不進行社會改革，縮小貧富懸殊，改善人民生

〔註33〕高勞（杜亞泉）：《歐戰後中國所得之利益》，《東方雜誌》1919 年第 16 卷第 2號。

〔註34〕張嘉森：《國際聯盟條約（第一次草案）略釋》，《法政學報》1919 年第 11 號。

〔註35〕〔美〕周策縱：《五四運動史》，長沙：嶽麓書社，1999 年，第 134 頁。

〔註36〕張國燾：《我的回憶》（1），上海：東方出版社，1980 年，第 84 頁。

〔註37〕立齋（張君勸）：《一九一九年至廿一年旅歐中之政治印象及吾人所得之教訓》，《新路》1928 年第 1 卷第 5 號。

活條件，則社會革命則不可避免。社會主義注重分配環節的平均，為解決當時嚴重的社會矛盾，提供了十分有效的參考路徑，因而張君勱意識到社會主義的價值所在。再加上當時歐洲社會黨對他的影響，使他很快成為社會主義的鍾情者和宣傳者。歐洲社會主義思潮在一戰後形成高漲的局勢，許多國家紛紛成立與社會主義相關的政黨和團體。張君勱陪同梁啓超在歐洲考察期間，不僅直接與很多社會黨領袖和思想家進行交流，而且還考察了相關社會主義團體的組織和運作方式。進而深入理解社會主義的理念和主張，並形成以社會主義改造中國社會的思想。

通過張君勱的觀察，歐洲社會物價高漲，罷工彼此起伏，財政朝不保夕，他對歐洲政治社會制度產生過懷疑。但對當時為國內多數人一致稱道的蘇俄革命，張君勱並不贊同，理由是：在蘇俄憲法中，「其政府之組織限於一階級（憲法第七條第六十四條），而私有財產之廢也，皆出於強力（憲法第九條第七十九條），致不免同種相殘」。「俄政府以工人蘇維埃為惟一統治機關；德政府則曰：工人當與聞大工業也，於是草營業會議法法案，以此會議為勞力者與資本主共同管理工業之機關。故工主工人翕然無間言，而政治上社會上不至大生反對。蓋俄人以為昔之代議政治為資本階級之代表，故廢之而代以蘇維埃，德人曰：此代議政治與工人政治當謀所以調和，於是以兩院為政治機關，以營業會議為社會生計機關。此真酌劑得平之道，世界所當取法，而豈列寧以強力壓迫之所為，所能望其項背哉？」〔註 38〕此時，儘管張君勱在德俄之間表明了自己的態度，但並未明確表達社會主義訴求，一方面是剛接觸到社會主義，正處於瞭解和觀察階段；另一方面是還未形成系統的觀點。

二、社會主義的價值內涵與制度思考

1921 年，張君勱發表《懸擬之社會改造同志會意見書》，提出，「為掃除四千年之舊習，而發達人民自由創造之精神」，其要義在於實行民主政治和社會主義。〔註 39〕民主政治已為人們所熟知，但什麼是社會主義？思想界則眾說紛紜，張君勱明確表達了對社會主義的關切，在他的理念中，真正的社會主義，「曰社會所有而已」。社會主義包括廣義和狹義兩方面，廣義上的社會

〔註 38〕張君勱：《譯〈俄羅斯蘇維埃聯邦共和國憲法全文〉附記》，《解放與改造》1919
　　　　年第 1 卷第 6 號。
〔註 39〕張君勱：《懸擬之社會改造同志會意見書》，《改造》1921 年第 4 卷第 3 號。

主義是：「土地與生產機關之公有，一也；公共管理，二也，以利益分配於公眾，三也。此三者，社會主義之必要內容也」；就狹義言之，「則公有而已」。〔註40〕爲了進一步說明社會主義的內涵，張君勱還採用反證法的方式說明何者爲社會主義，何者爲非社會主義：「第一，工廠條例與工人保險條例非社會主義，此二條例者，雖起於工人運動勃興以後，然爲國家保護工人之法律而已，與社會主義無涉。第二，分土地非社會主義，蓋以大地主之土地，分諸小農民，是以大私有財產，化爲小私有財產而已，故非社會主義。第三，利益分潤制非社會主義，資本家以其利益之所得，與勞動者共之，是資本勞動之階級未去，惟利益分配稍不同耳，故非社會主義。第四，工業自主非社會主義，凡廠中設工人委員以參與管理，則管理方法稍變耳，而與私有財產之廢止無涉，故非社會主義。」社會主義的本質是社會所有，「土地也，生產機關也，一一收歸公有，而公共管理之，且以其利益分配之於公眾，必如是而後爲眞社會主義」。〔註41〕

　　張君勱在 1920 年發表的《德國新共和憲法評》中指出，社會主義的精神在於「尊社會之公益而抑個人之私利」，「故重社會之公道，而限制個人之自由，故廢私有財產，而代以社會所有制，故去財產承繼而以遺產歸之國有，故欲化私人營業而歸諸國有」。在詳細考察德國《魏瑪憲法》第五章的生計各條後，張君勱認爲，社會主義的精髓，「無非在個人自由主義與社會主義之兼容並包，既曰生計生活之秩序以公道爲原則，而同時則曰工商之自由，以法律保證之，既承認私有財產矣，而同時則曰爲公共利益計，可沒收之」。〔註42〕

　　1921 年，張君勱在《改造》雜誌上發表《社會所有之意義及德國煤礦社會所有法草案》，系統介紹了《德國煤礦社會所有法草案》並進一步闡述他對社會主義的認識和主張。張君勱明確提出，社會主義的本質是社會所有，其目的是實現個人自由和社會公道，實現社會所有必然涉及到財產問題。當時很多社會主義者認爲，「民生之困，皆起於私有財產，以有私有財

〔註40〕　張君勱：《社會所有之意義及德國煤礦社會所有法草案》，《改造》1921 年第 3 卷第 11 號。

〔註41〕　張君勱：《社會所有之意義及德國煤礦社會所有法草案》，《改造》1921 年第 3 卷第 11 號。

〔註42〕　張君勱：《德國新共和憲法評》，《解放與改造》1920 年第 2 卷第 9、11、12 號。

產故，貧者益貧，富者益富」，法律上號稱四民平等而實際上不平等，這種不平等莫過於資本主義社會。為了避免這種積弊，多數人認為最好的方法是廢除私有財產。張君勱也意識到私有財產是造成貧富兩極分化的重要因素之一，但並不意味廢除私有財產是解決問題良方，諸如衣食住行等必需品雖為私產，卻與貧富懸殊無關，真正造成嚴重貧富差距的原因，「無過於生產機關、土地大森林也、交通關機如電報鐵路也」，能影響國計民生的重大自然資源和大工業。因此，「凡此者即生計學上所謂租與利之所從出，故當首先廢止之，而以歸公有」，這樣，個人之收入，「既無租與利，而但有應於其勞力之所入，則工價是已」。〔註43〕張君勱思想的深刻之處在於，不盲目地照搬現存理論或制度，而是對其進行理性的思想與審視後，才提出具體問題的方案。

在張君勱的社會主義理念中，社會所有不同於國有，國有事業隸屬於政府之下，也號稱官營事業；社會所有則自成一公法團體，雖在國家之內，而實與國家相對抗。從財產上看，國有事業為國家之私產，而社會所有事業，名為公團之財產。從目的上觀察，國有事業是為增加國家收入起見，而社會所事業則是為了廢除私人資本而生。就其與全社會的關係而言，國有事業是以國家資本代替無數小資本家而已，故國有事業之中，仍不免有工人對抗之形勢；社會所有事業中，合生產者、勞動者和消費者而共同管理，故無勞動資本之爭。從管理方面看，國有事業在政府手中，其服務者為官吏；社會所有事業離政府而獨立，其服務者為私人，且出於本自治團體之選舉。兩者之異同顯而易見，其所以為生計上新組織，所以為社會上大革命者在此矣。張君勱強調國有與社會所有精神各異，「國有者，由政府所有而管理之耳，社會所有者，其企業屬諸社會，故合工主、工人、消費者三階級共同管理之」。〔註44〕

生產機關收歸公有後，管理方式在具體操作層面該如何實施呢？張君勱主張應由公共團體進行，因為公共團體以社會公益為目標，與私人經營和管理專圖一己私利迥然不同。公共團體經營和管理有如下好處：「生產集中，故

〔註43〕 張君勱：《社會所有之意義及德國煤礦社會所有法草案》，《改造》1921 年第 3 卷第 11 號。
〔註44〕 張君勱：《社會所有之意義及德國煤礦社會所有法草案》，《改造》1921 年第 3 卷第 11 號。

少競爭之弊，此公共團體經理之利一；供給需要，容易覺察，故不至引起失業或生計上之恐慌，此公共團體經理之利二；當全社會之生產，既足以應全社會之需要而有餘，則可減工作之時間，而令工人從容度日，此公共團體經理之利三」。張君勱根據蘇俄和德國經驗，以及對其它各國的審視，認為公共團體最適合經營管理社會所有事業，從全國言之則為國家，「故所謂公共管理者，即國有也」；從地方言之則為地方團體，「故所謂公共管理者，即市有或地方所有也」。除國有地方所有之外，張君勱還主張「生計自治團體」，即以某項工業組成一自治團體，管理之權由生產者、消費者、工主、工人和國家共同分擔，而利益收入，則歸於全國。〔註45〕「生計自治團體」主張的出發點在於養成國民自治習慣和培養自治能力，但實際運作中很難實現，理想化傾向較為明顯。

俄國十月革命後，蘇俄政府迅速沒收一切大工業、銀行等，實行國有化，而德國革命兩年來尚未見到成效，於是各國社會黨以為蘇俄才是真實行社會革命，質疑德國社會黨為偽革命，是偽社會黨。針對這一質疑，張君勱欣賞德國審慎穩健的做法，作為工業國，德國在實行社會所有計劃以前，深入分析比較世界行業情況，以鋼鐵業為例，實行公有之前，需要全面考察英美鋼鐵市場，綜合衡量社會所有後的各種情況，故實行社會所有的進度自然比蘇俄緩慢。「社會所有，乃主義問題，而非遲速問題，遲可焉，不實行則不可焉」。重點不在其社會所有之遲速，而在其計劃之是否合於社會主義。張君勱非常清楚地意識到，「持社會主義之理論易，定社會所有之計劃難」，以資本家之侵佔工人利益、蹂躪人權作為號召，的確容易鼓動人心，但卻不利益社會改造的有序化進行。

羅素等人認為中國不具備實行社會主義的條件，社會主義只能在工業發達的國家進行。〔註46〕張君勱不贊成這種說法，認為中國正是實行社會主義的最佳時機，大工業與外資關係，「已成集中之勢，故適於社會主義之施行」，中國「工人之覺醒與資本主義之發達為同時，故社會主義運動之成熟，必較他國為早」。張君勱主張將經濟政策上的自由主義與哲學、政治上的自由主義分開，「生計政策上之個人主義與自由競爭說，已成陳說，不復能維持昔日信

〔註45〕 張君勱：《社會所有之意義及德國煤礦社會所有法草案》，《改造》1921 年第 3
卷第 11 號。
〔註46〕 楊端六：《和羅素先生談話》，《東方雜誌》1920 第 17 卷第 22 號。

仰，若夫一國中有持個人主義者，猶之哲學上之唯心唯物，政治上之保守進取，本爲一種人生觀問題，勢難強同」。〔註47〕

在《國憲議》一書中，張君勱深入審視了歐洲資本主義各國發展的弊端，也全面反思中國傳統的立國之策，認爲中國傳統立國在靜不在動，在精神自足不在物質逸樂，在自給之農業而不在謀利之工商，在德化之大同而不在種族之分立。故數千年閉關自守，文化停滯，生計蕭條，智識之權操於少數人之手。一言以蔽之，「以農立國，既乏工藝之智識，又無物質之需求，故立國雖久，尚可勉達寡而均貧而安之一境而已」。世界形勢已經發生了巨大的變化，歐洲大興工業，但歐洲各國以富強爲最後目的政策，對外極力拓展海外殖民地，「以殖民政策與之相輔，尚可保數十年之安榮」；對內「所吸收者，不外本國之資財，所剝削者，不外本國之小民。」〔註48〕中國要發展工業，必須擺脫歐洲自由主義理念下無秩序的自由競爭，將社會發展轉移到最終服務人的人文關懷上。歐美在數百年來的自由主義文化浸潤下，「凡個人才力，在自由競爭之下，盡量發揮，於是見於政策者，則爲工商立國，凡可以發達富力者則獎勵之，以國際貿易吸收他國脂膏，藉國外投資爲滅人家國之具」。導致國與國之間相率於軍備擴張，以工商之富維持軍備，再以軍備之力推廣工商，由此演變成世界大戰的悲劇，「謂此乃工商立國之結果也，……一言以蔽之，則富國強兵之結果也」。因此，張君勱強調「立國和平中正之政策」，否則，「以富爲目標，除富以外，則無第二義；以強爲目標，除強以外，則無第二義，國家之聲勢赫赫，而於人類本身之價值如何，初不計焉」。這種惡性競爭及發展帶來的危害已在一戰中得到充分體現，故有裁兵之說與國際聯盟之組織，爲此，張君勱提出社會主義「對外以人類一體爲依歸，對內求社會生計之公道」。〔註49〕

完成社會所有只是實施社會主義的過程，社會主義的關鍵還在於財富的分配。張君勱強調凡一種生產事業，當其爲公有之日，則所盈餘者，「除去該事業之維持或擴張費而外，則公共團體之利也。此盈餘之中，其首先受分配之益者，則爲管理者與工人，次之則以之充政費，如擴張教育，以增長人民

〔註47〕張君勱：《社會所有之意義及德國煤礦社會所有法草案》，《改造》1921年第3卷第11號。
〔註48〕張君勱：《國憲議》，上海：時事新報社，1922年，第108～109頁。
〔註49〕張君勱：《國憲議》，上海：時事新報社，1922年，第106～107頁。

之智識，設立養老年金，使老幼皆有所養」。社會所有的目的，在追求生產增加上與私人企業相同，如果社會所有以後，生產額而銳減，則必然會導致公有事業破產，社會主義也不可能實現。故在實施社會所有之前必須深思熟慮，何種生產事業適於公有？公有以後生產是增加還是減少？張君勱根據各國社會黨看法，結合自己的理性審視，認為適合公有者，應集中於大工業以及大地主的土地等方面。當時反對工業公有的主要論據有二：「一曰聽私人自營，則以自由競爭故，貨日趨於良，價日趨於賤；二曰公有以後，所有者與經理者分為兩截，經理者以其非利害所關，故其疏於監察，而事業必敗」。張君勱從國際上煤、鐵、銀行等觀察，這些大工商業主體從數百家並為數十家，進而並為數家，成為壟斷組織，以競爭反對公有的說法不成立。同樣是缺少競爭，既然私人所有可以，那麼集合於社會全體歸社會所有也同樣可以。至於所有者與經營者分開的問題，張君勱認為，「自合股公司發達以來者，其為公司經理者，大抵有企業野心而善辦事者，非必以股本之多寡定地位之高下也，即以同一工廠同一銀行之辦事者論，其十八九則居於奉令承教之地位，而與所有財產無涉」，所以大工業可歸社會所有。張君勱強調，「私有公有者，不過法律上財產之區別耳」，並非孰優孰劣問題，「考之各國大工業，大之支配全國，小之支配一方，固已綱舉目張，不殊行政機關，因其固有之基礎，改私有而為公有，改自利而為利群之企業，本一舉手之勞耳，徒以人類踏常習故，非有雷霆萬鈞之力，不能收改玄易轍之功，而德俄革命乃本此生計上之動機而起矣。俄以政府之力，收大工業大銀行為國有，以其方處封鎖時代，故利弊得失，外人莫得而窺。若夫德則以資本勞動雙方之代表，攜手一堂，從容討論，亦已有具體計劃，則大勢所趨，此事已在必行列」。〔註50〕

　　實行土地社會所有，並非全部廢棄土地私有，而是對私有部分設種種制限。他在《德國新共和憲法評》中明確提出：「人人應有衛生之家宅，一也；地價增加不應由地主獨享其利，應移之以利公眾，二也；地上權如礦權之類，廢止之而移諸國家三也」。至於大工業社會所有，也有三種方法：「化私人財產而為社會財產是為純粹之社會營業一也；托拉斯等之大企業，足以妨害公眾利益者，然國家又不欲收為己有，得參與其管理，是為公私共有或公私督之營業二也；其有非國有非國家所欲參與之私人營業，關於定價等事國家認

〔註50〕張君勱：《社會所有之意義及德國煤礦社會所有法草案》，《改造》1921年第3卷第11號。

為不當者，得設法限制之三也。」此外，「國家還得以生計的營業，合工人、工主而組織生計的自治團體，或曰職業的自治團體」，以彌補以上三者的不足。這種既非私有的資本主義企業，也非社會所公有的經濟組織，張君勱稱之為「組合」。「組合」最初是為對抗大工業而興起，為了適應社會所有的需要，「故改之為公共生計之組織」，使生產者、勞動者和消費者共同參與管理，「使其與全體組織相應，而以完成此公道之生計秩序」。〔註51〕

實行社會主義，強調社會公道，並非否定工商業的發展，而是要求工商的發展，必須與社會倫理相調和，即：「工人之待遇，不可不優；婦女小孩之勞動，不可不限制；工人之工作，當限以不得超過十時；工廠應辦學校，准工人入學；獨佔之大工業，當收歸公有」。有人質疑這將增加生產成本，不利於國貨與外國商品相競爭，則工業必敗、人民失業，社會公道也將無從談起。張君勱認為，這種思想是以「致富為國家第一目的，而他事則視為第二義」，因此，明確反對國家急於求富，而以對奴隸牛馬的方式對待工人。以紡織業為例，「歐戰後各廠所贏之利，何止五六分以上，謂減少鐘點，優其待遇，則紗廠有破產之虞，吾不信焉」。有反對者以鐵道國有造成的官僚盤踞為例，認為「以大工業歸之國家，不啻以全國工業斷送於官僚之手」。張君勱指出，這是沒有分清國有與政府所有之別，「國有之制，非即官有之謂也」。國有非政府所有，而是社會所有，「以同業之人理同業之事，各業各為一團體，各不私其所贏，而所以獎勵同業中自發自動之習者」，以交通行政不能證明其必然會腐敗。〔註52〕

在《國憲議》中，張君勱多次強調，「一國之生計組織，以公道為根本，此大原則也」。世界一切活動，以人類之幸福為前提。19世紀以來，以圖富強而犧牲人類的做法應當拋棄，自由主義理念中的這些不利因素也應進行揚棄處理，寧可犧牲富強，不應以人類作工廠之奴隸牛馬。「歐人惟不知此義，故已陷入社會革命之狀態」，中國處於工業發展伊始，宜及時防患於未然，「一切法制之中，應以貧富懸絕為大戒，而憲法為法中之法，應有專條規定」。〔註53〕

〔註51〕張君勱：《德國新共和憲法評》，《解放與改造》1920年第2卷第9、11、12號。
〔註52〕張君勱：《國憲議》，上海：時事新報社，1922年，第109～111頁。
〔註53〕張君勱：《國憲議》，上海：時事新報社，1922年，第111頁。

　　張君勱的社會主義理念重社會公道，但也並未因此忽略個人自由，他根據德國新憲法關於生計組織之規定，將其理念和主張表達於下述圖表中：

社會主義	個人自由主義
生計生活之秩序，應與公道大原則、人種生存維持之大目的相合	工商業之自由，依宗國法律之規定保證之
	生計交通上之契約自由，依法律所規定
國家為公共利益計，得本於法律所定，沒收私有財產	私有財產，受憲法上之保護，其內容、其限制，依法律所規定
除有規定外云者，與相當賠償之原則相對待，即為不與賠償計，故留此活動語也。	公用徵收，除法律有特種規定外，應予以相當之報酬（賠償）
承繼財產內國家之名分，依法律所規定行之。	承繼權依民法之規定保證之
關於土地之分配及利用，應防止土地權之濫用，並使各家族咸得有衛生之家宅。	土地私有制未廢
這家宅之需要，為移民之發展，為農業之發達，可將私人土地所有權沒收之（即得沒私有土地）。	沒收方法，依第百五十三條所定（第百五十五條）
無勞費之地價增加，應用之以發達公眾益云云，大抵不出二法：徵重稅一也，由國家或地方沒收之二也。	（同前第百五十五條）
關於大工業問題，其規定有三：凡適於社會所有之私人營業，收為社會財產，一也；現存之私產業，由國家對於私人營業，認為不適當者，得有抗議權，三也。	私人營業未廢（第百五十六條）
除前項社會所有及公私共有營業外，國家得將生計的企業，合工主工人而創造一種生計自治團體（Wirtschaftliche Selbs Virwaltungskorper），其製造、分配、定價、輸出入各問題，可以公共生計之原則規定之。	（同前）
生產及消費組合，得依其請求，放棄其單獨之營業自由，本公共生計之組織行之。	（同前）

　　圖表來源張君勱：《德國新共和憲法評》，《解放與改造》1920 年第 2 卷第 11 號；圖表中涉及相關條文，參見張君勱譯：《德意志國憲法》，《解放與改造》1920 年第 2 卷第 8 號。

生計生活與公道大原則相合，同時又補以工商業自由，依法律規定保證之；既表明為公共利益計，得沒收私有財產，同時有要求私有財產，受憲法上之保護。就條文言之，似乎社會主義與個人自由相矛盾。其實張君勱對此有著深入的思考，「一切政制上之社會公道與個人自由，如鳥之兩翼，車之兩輪，缺一不可」。但時代不同，環境不同，社會所面臨的問題也不同，因而要留出相應的空間，根據社會發展和變遷的需要進行靈活處理。「甲時代則自由重而公道輕，乙時代則公道重而自由輕。故憲法上之規定，自應留此兩要素，以為自由展舒之地。若徒有社會公道，而個人自由一字不提，則專以貧富平等為目標，而個人自發自動之精神，一概抹殺矣。以一方面之獎進，而阻礙他方面，甚非所以為社會健全計焉」。發展重心隨時代變遷而轉移，中國所面臨的情況較為複雜，從制度建設到社會改造，從文化復興到秩序重建，始終處於由傳統向現代轉型的複雜探索中，無論是英美的民主經驗還是德國的民主社會主義模式，都不可能原封不動地移植，後來歷史演進的結果也證明了張君勱的先見性。在《國是會議憲法草案》中張君勱奠定了兼顧社會與個人的學理基礎，以至於即使在 1930 年代在嚴重的民族危機下，主張突出國家地位和加強政府權力的情況下，他也仍然沒有忽視個人自由。總之，「私有財產之限制也，遺產之國家分沾也，土地之共用徵收也，大工業之化為同業自治團體組織也」，都是社會改造的大問題，應「先之以輿論，繼之以實行，與其急之而生反動，不如緩之而堅其基礎」。〔註 54〕

方案的可行性只有落實到制度層面才會對社會改造形成意義，張君勱在《懸擬之社會改造同志會意見書》便已開始從社會主義的角度提出第一份改造藍圖，並形成制度性的主張：即「大實業應本社會所有（Socialization）方法開發之；限制大地主，小農土地准其私有；繁盛口岸土地應歸市有，獎勵市有事業；獎勵協作社（Co-operation）；規定工人保護方法；確立救貧事業；遺產應課重稅以限制之；銀行公司及大商店應提利益若干成作為辦理教育及公益事業經費。」〔註 55〕這一主張，在 1922 年的《國是會議憲法草案》中更以具體的條文體現出來，第 93 至 100 條規定：全國之生計組織應本於公平之原則，使各人得維持相當之生存。國民各有不背善良風俗為精神上或體力上勞動之義務；營業及契約上之自由以法規定之；國家對於勞動應頒法律

〔註 54〕張君勱：《國憲議》，上海：時事新報社，1922 年，第 115～116 頁。
〔註 55〕張君勱：《懸擬之社會改造同志會意見書》，《改造》1921 年第 4 卷第 3 期。

以保護之；各種職業之勞動者，爲維持其勞動條件，有其結社之自由；土地所有權之制限以法律規定之，但爲增進公共利益，得出相當之代價收爲公用；國家對於遺產應定法律或課稅以制限之；國家關於私人或公司之大額所得應課以累進所得稅，其詳以法律定之；國家關於生計政策上之立法應咨詢商會、農會，工會之意見。〔註56〕《國是會議憲法草案》中關於社會主義規定部分，原本有大工業國有省有地方公有一條，因受到與會者的反對而取消，但張君勱仍然以爲，社會公道是原則，大工業公有是入手的方法，有原則而無方法，所謂公道無法實現。針對與會者鑒於鐵道行政的弊端，對「公有」二字談虎色變，張君勱指出，「工業公有，乃化私產爲公產之善法也，上自國家之法律，下至國民之教育，當以貨惡其棄於地而不必藏於己之論，爲全國一種訓條。則私利之動機，自可消滅，而吾工業之進化，或者異於歐西，而別開一生面歟」。若果認定私有財產製度是鼓勵工商業發展的最好方法，則無異於重蹈西歐資本主義失敗的覆轍。「歐美之人私其富，國私其富，內成階級之爭，外釀國際之戰，不足取法者也。吾國人而誠欲脫離美以創造新文明乎，當自貨不棄地、財不私有始。今而後其以亦步亦趨爲盡立國之能事乎？抑自覺立國之責任，別求所以自效於人類者歟？合將於吾國社會生計之組織卜之而已」。〔註57〕

三、社會主義的實現方式

　　五四運動後，形形色色的社會主義學說紛紛湧入中國，各種社會主義研究團體如雨後春筍般在全國各地不斷出現，社會主義一時成爲中國思想界的時髦名詞。1921年潘公展在《近代社會主義及其批評》中寫道：「一年以來社會主義底思潮在中國可以算得風起雲湧了，報章雜誌底上面，東也是研究馬克思，西也是討論鮑爾希維克主義，這裡是闡明社會主義底理論，哪裏是敘述勞動運動的歷史，蓬蓬勃勃，一唱百合。社會主義在今日的中國，彷彿有『雄雞一鳴天下曉』的情形。」〔註58〕據金觀濤對《新青年》雜誌進行的數字化分析和統計：「1919年以前，『社會主義』是不常用的，它只是在某種特

〔註56〕《中華民國八團體國是會議憲法草案》，《上海總商會月報》1923年第3卷第1號。
〔註57〕張君勱：《國憲議》，上海：時事新報社，1922年，第116～117頁。
〔註58〕潘公展：《近代社會主義及其批評》，《東方雜誌》1921年第18卷第4號。

殊政治團體表達自己政治主張時偶而提及。而 1919 年《新青年》雜誌『社會主義』一詞出現頻度發生突變，猛增至 104 次。1921 至 1922 年間增至最高峰，達 685 次。『社會主義』成爲和『社會』一樣常用的政治詞彙，幾乎征服了所有的政治流派。1920 年前後，連軍閥都以談『社會主義』爲時尚。」〔註 59〕雖然社會主義流派眾多，在中國也有各自不同的受眾，但具有成功案例可供人們思考僅有蘇俄和德國。何種社會主義更適合中國現狀？1919 年 9 月張東蓀發表《羅塞爾的「政治理想」》，對羅素的基爾特社會主義思想進行了系統介紹，「以爲近代的改造運動中，以此說爲最妥善，所以首先把他介紹過來。」〔註 60〕張東蓀受羅素的影響，主張採用基爾特社會主義。1920 年 11 月，張東蓀發表《由內地旅行而得之又一教訓》的時評，認爲「救中國只有一條路，一言以敝之：就是增加富力。而增加富力就是開發實業，因爲中國惟一的病症就是貧乏。」「使中國人從來未過過人的生活的都得著人的生活，而不是歐美現成的甚麼社會主義甚麼國家主義甚麼無政府主義甚麼多數派主義等等。」〔註 61〕梁啓超在次年的 2 月又發表了《復張東蓀書論社會主義運動》一文對張的觀點進行了「發明補正」。〔註 62〕

對於「如何改造中國社會」的問題上，張東蓀、梁啓超等人力倡通過資本主義發展實業、增加富力，爲將來實行社會主義「有所憑藉」。陳獨秀、李大釗、蔡和森等早期馬克思主義者對此感到失望和不滿，以《新青年》、《民國日報》等期刊爲陣地，強調中國應通過實行社會主義來發展實業、增加富力，這就是當時有名的「社會主義論戰」。張君勱因不在國內，很少直接參與雙方的論戰。但對於當時德國和俄國兩種可供選擇的成功路徑，張君勱在《中國之前途：德國乎？俄國乎？》的通信中，圍繞究竟是走德國還是俄國道路

〔註 59〕 金觀濤、劉青峰：《從「群」到「社會」、「社會主義」——中國近代公共領域變遷的思想史研究》，《中央研究院近代史研究所集刊》2001 年第 35 期。

〔註 60〕 張東蓀：《羅塞爾的「政治理想」》，《解放與改造》1919 年第 1 卷第 1 期。

〔註 61〕 1920 年 10 月至 1921 年 7 月，羅素訪華。張東蓀在陪同完羅素演講從湖南回到上海後發表了《由內地旅行而得之又一教訓》，參見張東蓀：《由內地旅行而得之又一教訓》，《時事新報》1921 年 11 月 5 日。

〔註 62〕 梁啓超雖不贊成在中國實行基爾特社會主義，認爲是「將原有生產機關，由直接在該機關內服勞役之人共同管理也，……欲行此法，必先以國內有許多現成之生產機關爲前提」。但他贊成「各種協社以從事於互助的生產」，「此法最中正無弊」。梁啓超：《復張東蓀書論社會主義運動》，《改造》1921 年第 3 卷第 6 號。

的問題提出了自己的看法。張君勱在信中說：「於辨是非可否，示人以可循之塗轍，則不在於此也，故以僕之不文，昧於史識，誠不敢以阿好之故，執一偏之見。所為分別高下者，其於藍寧（列寧——引者注），則佩其主義之高，進行之猛，字之曰社會革命之先驅。然於根基之深厚，踐履之篤實，則獨推崇德之社會黨。」「德之革命則異乎是，建築於五十年訓練之上，醞釀於四年戰事之中，有國民為之後盾。無一革再革之反覆。及新政府既成，以各方之交讓，議定憲法，雖社會革命之理想，並未完全實現，然規模具有，循此軌道以行，則民意成熟，自然水到渠成矣。其耕耘之日，歷盡艱辛，故收穫之日，自少波折，不得徒以多數社會黨之依違遷就少之也。若此者，無赫赫之功，故不為世人所歡賞叫絕。然而世界國民之有志者，未有不能學，學焉而未有不能至者也。」〔註63〕在選擇什麼樣的社會主義問題上，張君勱顯然與當時的主流思潮不合拍。

具體改造的方法，從歐洲的歷史經驗來看，張君勱認為不外乎議會政治、革命手段和暴動。議會政治主要勞動者結成團體，形成政黨，再以競爭選舉議席或爭閣員以為改造社會之手段，即德國社會民主黨和英國工黨所採用的方式；革命手段以勞動組合為根據，主張通過大罷工以達到工業自治的目的，這種方法為法國工團主義所採用；暴動的典型代表為蘇俄，雖然與工團主義宗旨相同，但手段更為暴烈。張君勱這一時期有限認可革命手段（即罷工方式），故明確表示：「以平日之鼓吹言之，則不能少議會政治，以臨時之作用，則不能少革命手段」；但對武裝暴動則堅決反對。他強調，「一切運動，以群眾之信從為本，故目前所重者厥在文字鼓吹，及乎他日團體既成，或採政治行動，或取工業行動，此視團體員之心理，……要之方法貴乎漸進，而行事貴乎徹底」。〔註64〕

社會主義的實現方式，張君勱反對蘇俄式的暴力革命，「革命為一種政治的、社會的、文化的激烈變動，當其由舊而新，由靜而動，其間自不能無種種之甘苦喜懼與成敗得失」；而德國「憲法中社會主義之條文，固不能盡如社會黨之意，然所以許之者，在其所採之為法律手段。」通過德俄之間的比較，「廢國民會議也，選舉權限於一階級也，蘇維埃政治也，國有政策之立時施行與非賠償主義也，不與他黨合組政府也，在過渡期內施行貧民專制也，此

〔註63〕張君勱：《中國之前途：德國乎？俄國乎？》，《改造》1920年第2卷第14號。
〔註64〕張君勱：《懸擬之社會改造同志會意見書》，《改造》1921年第4卷第3號。

俄革命之特點也。召集國民會議，選舉權普及於國民也，議會政治也，國有政策之非立時施行與採取賠償主義也，與他黨合組政府也，無所謂貧民專制也，此德國革命之特點也。」〔註65〕

　　在對德國和俄國兩種道路進行詳細分析後，張君勱明確表達了他選擇德國社會黨走議會道路的民主社會主義模式。在他看來，俄國革命是建立在天才之基礎上，不可學。德革命則是基於五十年訓練之上，醞釀於四年戰事之中，有國民為後盾，無一革再革之反覆。德國新政府建立後，各方之交讓，議定憲法，雖社會革命理想並未完全實現，然已初具規模，遵循這種方式運作，則民意成熟乃水到渠成之事。德國模式雖無赫赫之功，也不為世人所歡賞叫絕，但有志於以德國模式者，「未有不能學，學焉而未有不能至者也」。就兩國領導人而言，德國革命領袖出身議會政治，而列寧則以一鳴驚人之勢出現於政治舞臺。張君勱認為討論社會主義，應當承認社會主義之所謂幸福。幸福決非以一二人的意志為標準，而是取決於民意，「民意之為物，不嘗求一抽象的思想之中，而求之事實。第一應問其選舉法之是否普及與平等；第二應問其是否服從第一次選出之民意機關，非以強力推翻後而改選者。」蘇俄所謂的民意機關不合這兩種標準，故蘇俄社會主義所謂的幸福，只是列寧等一二人之幸福，而非全俄民意的幸福。德國社會黨之勇猛精進誠不如蘇俄，然其腳踏實地卻遠非蘇俄所能及。通過德俄兩種模式的對比，張君勱強調，「天下往往有主義甚正當，徒以手段之誤，而流毒無窮。亦有主義雖不完滿，徒以手段不誤，反得和平中正之結果者。」所以中國應該學德社會民主黨之腳踏實地，而不是列寧的近功速效。張君勱反對蘇俄革命後，廢國民會議，選舉權限於一階級，不與其他政黨合組政府，在過渡期內施行貧民專制，國有政策之立時施行與非賠償主義等一系列手段和措施。讚賞德國革命後立即召集國民會議，實行選舉權普及於國民的議會政治，國有政策非立時施行並且採取賠償主義，與他黨合組政府，也無所謂貧民專制。「德以偏於議會政略故，失於社會主義，而得於法律主義；俄以偏於革命手段故，得於社會主義，而失於法律主義」。〔註66〕德國推翻君主統治，革命成功後，立即制定憲法，一切國民都享有選舉權和言論、集會等各方面的自由，在各黨競爭的基礎上建立起民主政治。以民主作為最終價值指向的張君勱結合中

〔註65〕張君勱：《中國之前途：德國乎？俄國乎？》，《改造》1920年第2卷第14號。
〔註66〕張君勱：《中國之前途：德國乎？俄國乎？》，《改造》1920年第2卷第14號。

國的政治局勢，認為德國的民主社會主義模式更適合中國社會發展的需要。

民主的利害得失論者甚眾，「然就個人、社會之發達言之，要不能不推為良制。何也？以對議會負責之政府，而補之以直接民選之國會，則政治之施行，不能大反乎輿論，且有集會自由出版自由生命財產自由以為保障」。故國民在學術上、工商業上日進千里遠非前代所及。在張君勱看來，自各國社會黨興起，尤其是蘇俄革命後，「俄國賓雪維幾（布爾什維克——引者著）之貧民專制」和基爾特社會主義派「以職業代表之基爾特會議主持一切」受到人們的稱道。對於蘇俄廢除資本制度前後之方法，張君勱認為是「將民主精神剝奪殆盡」，議會內政黨之對抗、選舉、競爭、言論自由等皆一一限制之。張君勱反對以蘇俄模式改造中國的原因尚不完全在於此，他強調，「一國之至可寶者，莫若人民自由自發之精神與能力，亞洲之所以不及歐洲者在此，歐洲之所以勝亞洲者在此，……今焉忘卻亞洲之缺點，豔稱藍寧成功之捷速，欲以貧民專制之制，施之東方者，靡問其不能成功焉，即成功矣，一黨擅大政，貪私以利以奔走者，遍於全國，公產製之成敗毫不可見，而並此破碎不堪之舊文明，恐亦將掃地無餘矣，此貧民獨裁之制所以斷不適於吾國者也」。至於基爾特社會主義，張君勱將其分為兩類：「一曰以生產者組織基爾特，實行社會主義；二曰以基爾特會議代今日之主權政府，以生產者組織基爾特，實行社會主義」。主張以基爾特會議代替政府者認為，內閣和議會大權集中於少數人之手，不合於真正民主，「議員自謂代表民意，而真民意不顯焉，內閣自謂代表巴力門，而巴力門之真意不顯焉」。欲求真民主，最好是謀求職業獨立，「以行使職業之人，討論其職業團體以內之事」，使議事範圍有限，而大權不至集中於一二人之手。以一職業成一基爾特，集全國之基爾特以成全國基爾特會議。由此組成的中央政府，不過調停各基爾特，故政治性質的議會與內閣可廢，真民主也就得以實現。張君勱不贊成這種觀點，從各國社會黨及工人組合的經驗來看，即使所謂的職業團體，在政治行動上也仍有意見分歧，第二第三國際存在意見分歧，同盟罷工也存在意見分歧。「可知政治者，人類對公共事務意見異同之所由生，絕非以基爾特代巴力門」。諸如對外問題、海陸軍費多寡、收稅輕重等皆為政治意見之至重者，因意見不同，於是有政府的更迭。無論形式如何變更，即使採取職業代表主義，此類問題也始終存在。「故謂去巴力門後而代以基爾特會議，謂政治活動可以消滅減輕之者，乃過信制度之效力，初未嘗深察政治與人性有不可離之關係焉」。張君勱明確表示，「民主政治下之巴力門制，但有改良而無

廢除」。就中國而言，「限若干年內，使人人識字，以舉普通選舉之實一也；改今日間接選舉爲直接選舉二也；國會議員任期之縮短三也；內閣應以國會之信任與否而進退四也；以總民投票助代表制之國會五者」，如此則代議式民主政治必有起色。張君勱不贊同資本階級佔有議會，而勞動者作爲一國生產者的重要地位無法表現，也反對勞動佔有議會的貧民專制，而主張折衷調和，提出「設生計會議，關於生計問題，勞動立法，一一詢此會議而後立法施行焉」。如此，則議會以地方區域人口多寡爲比例，代表形式的民主（Formal Democracy）；生計會議以工廠或職業團體爲標準，重在生產階級之利益，所以代表工業的民主（Industrial Democracy）。〔註 67〕

第二節　德國社會民主黨對張君勱立國選擇的影響

　　主張走立憲改良道路的張君勱，早年試圖以密爾的代議制實現中國由專制向民主的轉型。在多重合力下，清政府被迫退出歷史舞臺，國家體制雖然在形式上完成了由傳統向現代轉型的制度變革，但現代性究竟需要哪些關鍵性的條件和環境？依然伴隨著民初失序失範的狀態受到張君勱的關注。從某種程度上而言，德國的經歷可以看到中國的影子。西方的民主政治對德意志傳統形成衝擊，1789 年法國大革命爆發，受到自由民主的第一次的挑戰。1848年初，隨著法國二月革命的爆發，德意志再一次受到衝擊。社會主義思潮也於這時開始在德興起，在英法的議會民主制和德意志傳統的專制模式的張力下，社會民主黨逐漸崛起，在這一過程中，其內部不乏以社會主義相號召主張走暴力革命者。第一次世界大戰後，德國爆發「十一月革命」，帝國政制瓦解，以社會民主黨作爲主導於 1919 年 8 月通過魏瑪憲法成立魏瑪共和國，完成向民主政治體制的轉變。這種政治選擇不但實現了自由主義傳統中的民主憲政，而且還融合了新興的社會主義思想，但蘇俄共產主義運動仍然影響著魏瑪共和國。德國社會史學派主要代表之一雲客樂（H. A. Winkler）認爲，19世紀與 20 世紀的德國歷史是一部走過了漫長的偏離西方的「德意志獨特道路」而最終走向西方的歷史。〔註 68〕1920 年代前後的中國，也與德國有不少相似

〔註 67〕張君勱：《懸擬之社會改造同志會意見書》，《改造》1921 年第 4 卷第 3 期。
〔註 68〕景德祥：《在西方道路與東方道路之間——關於「德意志獨特道路」的新思考》，《史學理論研究》2003 年第 4 期。

的地方，在民主共和的口號下結束了帝制，但走向現代的方案在思想界卻始終未能達成一致，受到社會主義思潮的影響，革命與改良都是可能選擇的路徑。同樣是學習西方民主憲政的德國，不但實現了張君勱欣賞的議會政治，而且還關注社會公道，實行社會主義。德國和平緩進的改良路線，給尋求中國出路的張君勱以極大啟發。他在 1920～1921 年先後在《解放與改造》雜誌上發表《德國革命論》、《德國新共和憲法評》、《中國之前途：德國乎？俄國乎？》、《德國工務會議法之成立及其施行情況》、《德國工務會議法法律譯文》和《社會所有之意義及德國煤礦社會所有法草案》等一系列文章，介紹德國社會主義實施的情況，提出以社會主義改造中國的相關主張；並在上述文章的基礎上，於 1922 年出版《新德國社會民主政象記》。〔註 69〕本節主要討論德國民主社會黨對張君勱社會主義思想的影響，並以此分析張君勱的社會主義選擇。

一、中國之前途：德國乎？俄國乎？

20 世紀初，社會主義在世界範圍內興起，俄德兩國革命更是起到推波助瀾的作用，自此，社會主義從理念變為制度性的實踐，並分別建立起蘇俄和德國兩種不同的社會主義模式。與此同時，在由傳統向現代轉型的道路上，中國以尋求富強為目的民主嘗試並未取得成功，而且還使社會陷入嚴重的失序與失範之中。尤其是五四前後，面對武人割地稱雄，國會遙遙無期，憲政困境重重，知識分子開始重新思考和探索「改造中國」的方案。在五四新文化運動的影響下，各種西方社會思潮在知識分子群體中都找到相應的受眾，成為不同社會改造方案的援引對象，思想界與國際思潮前所未有地緊密相連，源於西方的各種社會思潮幾乎都能在中國找到一一對應的主張。一時間，思想界呈現出百家爭鳴的局面，由此產生了思想文化價值標準的多元化和社會改造方案的多樣化。

〔註69〕 張君勱當時發表與德國及其社會主義的相關論著主要有：《德國革命論》，《解放與改造》1920 年第 2 卷第 3 號；《德意志憲法》，《解放與改造》1920 年第 2 卷第 8 號；《德國新共和憲法評》，《解放與改造》1920 年第 2 卷第 9、10、11 號；《中國之前途：德國乎？俄國乎？》，《解放與改造》1920 年第 2 卷第 14 號；《德國工務會議法之成立及其施行情況》，《改造》1921 年第 3 卷第 9 號；《德國工務會議法法律譯文》，《改造》1921 年第 3 卷第 10 號；《社會所有之意義及德國煤礦社會所有法草案》，《改造》1921 年第 3 卷第 11 號；《新德國社會民主政象記》，上海：商務印書館，1922 年。

各種思潮中，社會主義可謂當時最流行、最時髦的思潮，俄、德兩國革命及其後續的制度發展，無疑是歐洲各國政潮中最爲引人關注內容。社會主義在制度層面的落地開花，對尋求社會改造的知識分子而言，中國的出路具有了多重前景，不僅西方的傳統民主模式不再是社會改造的唯一選擇，即便同爲社會革命的俄、德兩國也奉行不同的社會主義，張君勱追述道：

> 以 1789 年法國革命，爲 18 世紀末之世界大變化時期，則 1917 年以降之歐洲，當然爲 20 世紀之世界大變化時期。何也，1917 年俄國革命成，翌年德國繼之，東歐之兩君主國忽變爲民國，因此世界之法制上又生新現象。俄國蘇維埃憲法頒佈於 1918 年春，德國新憲法成於 1919 年 8 月，同時西歐各國亦知最大限度之民權實爲政治上不可抗之潮流。英國普選法 1918 年 2 月成立，法之選舉法改正於是年 7 月成立。蓋在此政潮澎湃之際，稍留心政治者，誰不奮發興起，怦然有動於中乎？〔註70〕

知識分子對社會主義這種新的社會改造方式充滿希望，因而各色人物都競相宣傳社會主義，甚至被視爲軍閥的陳炯明也談社會主義。但什麼是社會主義？怎樣實行社會主義？思想界卻很少有人關注，恰如瞿秋白所言，多數人對社會主義的認識，如「隔著紗窗看曉霧，社會主義流派，社會主義意義都是紛亂，不十分清晰的。」〔註71〕儘管多數人對社會主義的認識流於表象，但對於中國應實行何種社會主義的問題，他們還是根據各自的構想提出改造中國的主張，故無政府主義、基爾特社會主義、馬克思主義等各種社會主義大行其道。張君勱有對蘇、德考察的親身經歷，又同時翻譯了兩國憲法，因而他對社會主義的認識，也相對比國內同時期多數知識分子更爲深刻。由於具有成功、可行經驗的只有蘇俄和德國兩種模式，也是當時最具說服力和影響力的兩種社會主義，因而選擇的爭論也主要集中在這兩種不同的模式。

　　張君勱對蘇俄革命也不乏讚譽之詞，在陪同梁啓超訪問歐洲，1919 年途經瑞士時，買到一本蘇俄憲法，放棄遊覽瑞士山水的機會，將其翻譯出來。〔註72〕他贊同蘇俄憲法中「勞動爲人人共有之義務」和「排斥歐洲列強之侵略政

〔註70〕立齋（張君勱）：《一九一九年至廿一年旅歐中之政治印象及吾人所得之教訓》，《新路》1928 年第 1 卷第 5 號。

〔註71〕瞿秋白：《瞿秋白選集》，北京：人民出版社，1982 年，第 35 頁。

〔註72〕張君勱：《我與憲法》，《再生》1934 年第 2 卷第 9 期。

策」，反對「政府組織限於一階級」和私有財產廢除於強力。〔註73〕德國社會民主黨以「均貧富」爲「中心思想」，並通過「生產工具收歸國有或社會所有」實現，張君勱認爲這一模式更適用於中國的社會改造。德國新憲法中規定「國民財產之沒收，應經國會同意」；「人民財產之沒收，須予以賠償」，張君勱更看重這種「除全國人民多數同意之外」政府絕不能任意加以侵犯的做法，認爲其符合「19 世紀憲法尊重人民財產」的本意，強調「社會主義之實行，以民主政治爲基礎而已」。〔註74〕也即中國的前途，不是蘇俄的一黨專政模式，而是德國社會民主黨所實行的民主社會主義，故張君勱明確表示，「願追隨國人之後，以自效於此 20 世紀社會民主主義之革命潮流也」。〔註75〕社會民主主義是第二國際內部的一種思潮，即主張通過和平、合法和議會民主道路，實現資本主義向社會主義的轉變。

德國社會民主主黨的前身可以追溯到 1863 年拉薩爾在萊比錫宣佈成立的「德國工人聯合會」，拉薩爾逝世五年之後，奧古斯特·倍倍爾（August Ferdinand Bebel）和威廉·李卜克內西（Wilhelm Martin Philipp Christian Ludwig Liebknecht）於 1869 年組建了「德國社會工人黨」。1875 年，德國工人聯合會與德國社會工人黨合併，1890 年正式更名爲德國社會民主黨。一年後，在艾爾福特通過了艾爾福特宣言，公佈了卡爾·考茨基（Karl Kautsky）和愛德華·伯恩斯坦（Eduard Bernstein）撰寫的黨綱。伯恩斯坦的理論開始在德國社會民主黨內部貫徹，直到第一次世界大戰之後。在本質上，他的理論認爲：在德國可以通過一次民主的、合法的選舉，進行一次政府更替，從而實現德國的社會主義變革。第一次世界大戰之後，魏瑪共和國初期，德國社會民主黨以 165 個席位成爲國民議會勢力最強的黨派，有史以來第一次走上執政黨的位置。從 1919 年到 1925 年，德國社會民主黨的弗里德里希·艾伯特一直擔任年輕的魏瑪共和國總理，德國社會民主黨也主導政府的各個部門。在行政部門，任命了許多來自社民黨的成員，他們富有工會工作的經驗，有助於解決勞工問題。〔註76〕

張君勱與德國社會民主黨人的首次接觸是在 1919 年陪梁啓超歐遊訪問期

〔註73〕 張君勱：《〈俄羅斯蘇維埃聯邦共和國憲法全文〉譯者原函》，《解放與改造》1919 年第 1 卷第 6 號。
〔註74〕 立齋（張君勱）：《一九一九年至廿一年旅歐中之政治印象及吾人所得之教訓》，《新路》1928 年第 1 卷第 5 號。
〔註75〕 張君勱：《德國新共和憲法評》，《解放與改造》1920 年第 2 卷第 9 號。
〔註76〕 Nicholls, Anthony James. *Weimar and the Rise of Hitler（The Making of the Twentieth Century）*, New York: St. Martin's Press, Inc., 2000, P. 47.

間，拜會德國社會民主黨的黨政要員考茨基、伯恩斯坦、夏特曼（Philipp Scheidemann），以及獨立社會主義者希法亭（Rudolf Hilferding），以及國際事務專家、國民議會議員布賴特斯奇德，後二者因主張與張君勱觀點不符，基本沒對其產生影響。〔註77〕

　　考茨基，張君勱譯為哥孳基，第二國際的重要領導人和社會民主主義理論家，張君勱曾訪其於病榻，考茨基告訴張「對於剝奪人民自由的蘇維埃制，決不能贊成」。〔註78〕考茨基自居為馬克思主義正宗派，就堅持革命與主張無產專政而言，張君勱認為考氏與列寧為志同道合者。「我以為革命乃槍林彈雨的事，不可依馬氏文字定其孰為多數，孰為少數，孰為合法，孰為不法。此中分辨，但可求之於尊重法治的國家，何能責之於以暴力爭勝敗的革命黨人。如是，考氏雖不失其為西方式民主的信徒，但他只是一個咬文嚼字的學者。政體與狀況之分，獨裁與專制之分，皆文字意義之爭，何足以定成王敗寇的革命是非。我所感奇怪者，考氏對於馬氏經濟學說中的資本主義，對於馬氏政治學說中所謂革命，所謂無產階級專政，一字一句，奉行唯謹，不敢稍有違異」。對於考茨基，張君勱欣賞其《唯物史觀》的立言，認為「全棄馬氏舊思路。」「將唯心主義與唯物主義，兼收並蓄。精神與物質，同為自然界的因素，不失其為一家之言。然其書中涉及人生目的，上帝與生命持續云云，均由於受達爾文主義的影響而起。其與馬氏側重於物質的生產方法，如風磨、如蒸氣機者，實有天壤之隔。」〔註79〕儘管作為德國社會主義者的考茨基當時在中國知名度很高，但真正對張君勱產生巨大影響則是菲利普・夏特曼。

　　夏特曼（1865～1939），時為德國社會民主黨內右派（多數派）重要領袖，1919年上半年任新魏瑪政權的大法官，曾任魏瑪德國政府總理。1920年1月，張君勱在拜會夏特曼時，就社會主義中的「社會所有」問題進行了專門討論。夏特曼明確表示：「純粹之社會所有，決不能行，公私合辦之方式，其庶幾乎（殆類於吾國所謂官商合股或官督商辦）。」〔註80〕張君勱十分贊成夏特曼這

〔註77〕張君勱：《中國之前途：德國乎？俄國乎？》，《解放與改造》1920年第2卷第14號。

〔註78〕參見立齋（張君勱）：《一九一九年至廿一年旅歐中之政治印象及吾人所得之教訓》，《新路》1928年第1卷第5號。

〔註79〕張君勱：《社會主義思想運動概觀》，臺北：稻鄉出版社，1988年，第130～133頁。

〔註80〕立齋（張君勱）：《一九一九年至廿一年旅歐中之政治印象及吾人所得之教訓》，《新路》1928年第1卷第5號。

種「混合經濟」的建議,因為「純粹沒收一切生產工具絕不可能,德國在經濟上惟有走上公私共有之途徑,」這種方式可以避免俄國式激進社會主義化所造成的災難性後果。張君勱還特別提到夏特曼當時所用「混合經濟」(mixed economy)的德文術語「Gemischte Wirschaft」。〔註81〕「這種方式還有優點,即與傳統的中國制度類似,這種公私合資的管理方式,他寫到,與中國的所謂『官商合股』或『官督商辦』管理制很相近,『這種與本土的中國制度』的相似性使他輕而易舉地接受了『混合經濟』」。〔註82〕

德國民主社會黨進行革命和建設給張君勱的啟示是:內閣、國會和憲法為共和建設的根本,民國的成立卻未能保持這種共和之基。德國新共和政府則能以一貫之精神,公佈憲法,正式成立內閣,從事於建設之事業,使政治進入常軌。反觀中國,「革命之後所以多故者,有起於右黨之反動者,則保守派之勢力為盛,如吾十年來之狀態是也。有起於左黨之反動者,則過激主義之勢力為盛,如俄是也」。〔註83〕

「世界大共和國,無不植基於地方自治之上,惟地方事業條理井然,舉其犖犖大者以歸於中央,故全國之相使,若身之使臂,臂之使指。若並一省一府縣之事不能自理,而舉以責望中央,則不特鞭長莫及已焉,官僚政治遍於全國,而人民政治才能,何由發展?」所以張君勱強調不能將統一精神與中央集權混為一談,在借鑒德國中央政治外,更需要注意地方自治基礎。〔註84〕

德國社會民主黨之所以能夠選擇議會道路、取和平改良手段,是因為德國有議會、有法制、有可以進行和平改良的制度框架,工人階級可以在其中進行合法的鬥爭。中國「夫號稱共和國,而全體人民,捨商會學會之發一電開一會外,殆無主權民意表示,是得謂之真民主真共和乎?」張君勱提出的解決辦法是,「步德國憲法之後,實行直接民主」,「絕對的直接民主雖不可行,則相對的直接民主,不過勝於數百議員之所謂民意乎?」〔註85〕張君

〔註81〕 張君勱:《立國之道》,上海:商務印書館,1947年,第193頁。

〔註82〕 金若傑:《張君勱與魏瑪德國》,見中國現代文化學會:《東西方文化交融的道路與選擇》,成都:四川人民出版社,1993年,第559頁。

〔註83〕 張嘉森:《新德國民主政象記》,上海:商務印書館,1922年,第62頁。

〔註84〕 張君勱:《德國新共和憲法評》,《解放與改造》1920年第2卷第9、10、11號。

〔註85〕 張君勱:《德國新共和憲法評》,《解放與改造》1920年第2卷第9、10、11號。

勘進而指出，「凡世界政治社會改革，無不始終一二人之心力，百折不回」。
「有昔之托爾斯泰，乃有今之列寧；有昔日之馬克思，乃有今日之愛勃脫」。
漸進改良的道路，德國社會民主黨也歷經了一個緩慢的過程，所以「吾儕且
勿求速效」，「勿問他日之收穫：待之十年、二十年、三十年、四十年、五十
年，再與此舊社會政體較長短得失可焉。」〔註86〕「故考其社會民主黨之
政策者，不徒在其象之政綱，而又在其對於實際問題的態度」。〔註87〕中國
民主政治和社會主義的實現，需要「有無數仁人志士為之後先疏附，雖觸刑
綱而不悔，乃以造成此有宗旨有紀律之團體，去君主，去軍閥，如摧枯拉朽。
如是，彼之所以得有今日，其種子實伏於數十年之前。」「憲法者魚也，社
會民主黨之奮鬥，則結網之功也。若徒羨其得魚之易，而忘了其結網之苦，
又未足與語學德意志也」。〔註88〕德國民主社會黨對張君勱選擇社會主義產
生了很大影響，但真正從學理上影響張君勱社會主義思想的是伯恩斯坦和柏
呂斯。

二、和平改良之社會改造：伯恩斯坦對張君勱的影響

　　1920 年代初，張君勱對德國關注的主要目的是為中國提供切實可行的實
施方案，故重心在德國的《魏瑪憲法》和與社會主義相關的具體的措施上，
沒有專門文章系統介紹伯恩斯坦的觀點和主張，伯氏對他的影響大多散見於
相關論著中，其後來追述也可看出他對伯恩斯坦思想的吸收與借鑒，如《一
九一九年至廿一年旅歐中之政治印象及吾人所得之教訓》以及《社會主義思
想運動概觀》等論著。〔註89〕尤其是他在晚年的《社會主義思想運動概觀》
一書中，概述社會主義發展和總結自己社會主義活動時，較為全面地闡述了
伯恩斯坦對他的影響，下面將根據此書並結合張君勱的相關追述，就伯恩斯
坦對其影響進行梳理。

〔註86〕張嘉森：《新德國民主政象記》，上海：商務印書館，1922 年，第 118～119
　　　　頁。
〔註87〕張君勱：《德國革命論》，《解放與改造》1920 年第 2 卷第 3 號。
〔註88〕張君勱：《德國新共和憲法評》，《解放與改造》1920 年第 2 卷第 9、10、11
　　　　號。
〔註89〕參見張君勱：《一九一九年至廿一年旅歐中之政治印象及吾人所得之教訓》，
　　　　《新路》1928 年第 1 卷第 5 號；《社會主義思想運動概觀》，臺北：稻鄉出版
　　　　社，1988 年。

　　伯恩斯坦（Eduard Bernstein，1850～1932），出生在柏林的一個猶太人家庭。其政治生涯始於 1872 年成為德國社會民主工人黨成員。1878 年起，作為社會民主機構的私人秘書。在 1880 年到 1890 年間，在《社會民主》雜誌上發表了一系列關於「社會主義的問題」的文章，導致德國社會民主黨內產生修正主義的爭論。於 1899 年出版《社會主義的前提和社會民主黨的任務》一書，系統表述其民主社會主義觀點。在社會主義的實現條件問題上，伯恩斯坦認為，實現社會主義的第一個條件必須是高度的資本主義生產發展水平。「如果人們把將來理當發生的事思辨地搬到現在來，或者硬說它是屬於現在的，那麼人們就還是沒有克服空想主義。」〔註 90〕伯恩斯坦將「民主和社會主義」並列起來作為社會民主黨的奮鬥目標，提出和平的改良主義道路是實現社會主義的最好選擇，「爭取無產階級解放的階級鬥爭」是「道德的要求」，其最終目標是要建立一個「經濟和道德共同體」。〔註 91〕伯恩施坦認為，「只有建設的道路才能穩妥地通往社會主義，在一個有著組織完善、訓練有素的強大工人階級的國家，人民的民主權利保證這條道路取得成功」。〔註 92〕民主社會主義掌握了一個與馬克思主義完全不同的武器，即民主。民主是手段，同時又是目的。它是爭取社會主義的手段，它又是實現社會主義的形式。「民主是取消任何階級特權，一切人具有平等的政治權利，而且不僅是參加公共代議機構選舉的平等權利。但是民主的範圍還要大得多。它延伸到整個司法機構，還延伸到一系列其他的公共機構。在現代社會中，它必然促使消滅一切資本主義壟斷，或者促使除去它們的資本主義性質。它加強工人的政黨組織、工人階級為了自己的經濟鬥爭而成立的組織，它提高對國家和地方自治機構的要求」。〔註 93〕

　　作為德國社會民主黨的理論家，伯恩斯坦的很多主張直接被社會民主黨採納為實際綱領和政策。張君勱最為欣賞的是伯恩斯坦主張漸進改良的方式實行社會主義，因為 1920 年代初，經過直皖戰爭、兩次直奉戰爭等軍閥之間

〔註90〕　愛德華‧伯恩斯坦：《社會主義的前提和社會民主黨的任務》，北京：三聯書店，1958 年，第 262 頁。

〔註91〕　中央黨校科社教研室編：《社會黨重要文件選編》，北京：中央黨校科研辦，1985 年，第 143、144 頁。

〔註92〕　愛德華‧伯恩施坦：《德國社會民主黨哥里茨綱領》，《伯因施坦言論》，北京：三聯書店，1966 年，第 475 頁。

〔註93〕　愛德華‧伯恩斯坦：《什麼是社會主義》，史集譯，北京：三聯書店，1963 年，第 18 頁。

的混戰，北洋統治日趨黃昏，中央威權也一落千丈；與此同時，借鑒蘇俄模式建立起來的國共兩黨都致力於發動底層革命的社會動員，隨著南方革命勢頭高漲，社會革命風暴呼之欲出，知識分子中武力統一的呼聲也不絕於耳。張君勱雖對北洋軍閥的統治不滿，對民主憲政久久未能實現感到失望，但鑒於蘇俄暴力革命的殘酷性，他仍主張和平改良的緩進整合。正是在這樣的情況下，伯恩斯坦的主張引起了張君勱的共鳴。

張君勱十分認同伯恩斯坦的這一說法：「政治在乎每日每事的積漸改良，倘專注意於旦夕間的革命，以為大權在握，一切問題可以解決，似屬天真的夢想，亦無異昔日的烏托邦主義」。與社會主義的最終目的相比，伯恩斯坦承認他更關心「每日每事的進行如何」，認為這才是「政治改造的關鍵」。伯恩斯坦關於「社會主義的最後形態不關重要」的主張受到激烈批評，張君勱則從認同理解的角度解釋道：「伯氏之意，不外乎積萬千小事的改良，乃為真正的進步。倘以為一朝革命，可由資本主義一躍而入於社會主義，實為癡人說夢。」〔註94〕伯恩斯坦主要在三個方面給張君勱以啟示：一是對唯物史觀的批判性認識；二是對階級鬥爭與革命的否定性分析；三是對「無產專政」和「工人無祖國」的反對和質疑。

馬克思的唯物史觀主張歷史的發展有其特定規律，即生產力決定生產關係，經濟基礎決定上層建築；伴隨著生產力的發展，人類社會從原始社會、奴隸社會、封建社會、資本主義社會、社會主義社會、最終走向共產主義社會。對於此，張君勱同意伯恩斯坦的分析：「以唯物主義應用於歷史解釋者相信一切歷史事象及其發展，皆有必然性。問題只是在何種方式下，歷史完成其必然性，何種方式的元素或力的因素是決定性的，因素與因素之間的關係是什麼，歷史中何種部分與自然界、與政治經濟、與法定組織、與思想觀念密切相關聯。」關於馬克思提出：「不是人的意識決定人的存在，相反地乃人的社會的存在決定人的意識。……經濟基礎既變，全部巨大的上層結構或遲或早，隨而顛覆。……資產階級的社會產生關係，乃社會生產過程中具有敵對性的最後一種。」伯恩斯坦認為「最後」二字是不可能的證言，只是建立得很好的若干假設。批評這一認識過於武斷，唯「或遲或早」稍有伸縮性。對於「意識與存在為截然相待的二名辭，這迫使我們不得不推斷曰：人類只

〔註94〕張君勱：《社會主義思想運動概觀》，臺北：稻鄉出版社，1988 年，第 134～135 頁。

是被視爲歷史力量所造成的活物，他們所實行的任務，就是反對他們的意志與知識。人的意識與意志，在物質運動中似乎是極次要的因素。」伯恩斯坦進而指出：「經濟發展之後，使意識形態的，特別是倫理的因素，獨立活動的餘地較前更大。這項事實的結果，使技術的經濟的進化與其他社會傾向的進化之間的因果相依之處，由直接的變爲更間接的。也就是說技術的經濟的因素支配社會關係的必然性日益減少其力量。」張君勱贊同伯恩斯坦對馬克思唯物史觀的認識：「唯物史觀的理論，在今日情形之下，大異於馬、恩二氏初創之日。這種史觀已經過一項發展，即其絕對意義的解釋，已受到限制。這是一切理論共有的經過。」「技術（生產方法）支配上層結構，爲十九世紀上半期馬氏的想法。科學智識尤進步，人類的活動自由大增，決無永受技術束縛之理。此爲伯氏見解的卓越處。」〔註95〕

　　關於階級鬥爭與革命，張君勱認爲「伯恩斯坦氏常被稱爲修正主義者，似專以馬氏學說的補偏救弊爲事」。伯恩斯坦認爲階級鬥爭以唯物史觀爲基礎，將「具有生產工具的資本家」和「資本的生產者（即工人——引者注）」相互對立；「資本家與工人鬥爭的起點，爲利益的衝突。性質上即廠主利用工人以謀一己的私利。這種利用過程的考驗，導致生產論、價值論，剩餘價值剝削論」；「生產方法集中化與勞動社會化，使資本主義的外衣不能與之相容。隨後便是破裂局面，即剝削別人者，爲國中大多數人所剝削。資本主義的私有財產製終於消逝。」伯恩斯坦批評馬克思的這一認識是抽象化的結果，並且「馬氏於其歷年著作中，自相矛盾處甚多，有待於後人清理」；主張「後繼者應無保留的舉列其漏洞與矛盾所在」。張君勱認同伯恩斯坦對馬克思的批評和修正，認爲「馬氏學說的新發展，應以批評爲下手方法」。〔註96〕根據馬克思的判斷，隨著資本主義的發展，小資本家將爲大資本所吞併，資本家的數量越來越少，由此造成謂富者愈富、貧者愈貧的社會現象。張君勱從伯恩斯坦對英國各公司股東數目變化的考察中得出，「資本家數目日減說，爲錯誤的見解」，認爲社會主義的前途，不應寄託於富者日少的希望中，不是「以富力集中爲社會革命希望所在」。張君勱反暴力革命，更反對階級鬥爭，認爲「社會主義的前途，在於富力的增加，不在富力的減少。」〔註97〕

〔註95〕　張君勱：《社會主義思想運動概觀》，臺北：稻鄉出版社，1988 年，第 139 頁。
〔註96〕　張君勱：《社會主義思想運動概觀》，臺北：稻鄉出版社，1988 年，第 142 頁。
〔註97〕　張君勱：《社會主義思想運動概觀》，臺北：稻鄉出版社，1988 年，第 139～
　　　　　146 頁。

對於「無產專政」和「工人無祖國」的說法，張君勱反對馬克思主張「十九世紀中所造成的自由與民主制度，應一切廢棄，而代之以無產專政」。贊同伯恩斯坦作出的判斷：「自由主義爲歷史上的大運動。社會主義就時間的連續而言，就其精神的品質而言，皆係自由主義的合法繼承人。」張君勱認爲列寧等人在推翻資本主義名義下的「無產專政」，「無益於工農大眾的解放」；蘇俄革命後廢除議會制、三權分立制、責任內閣制、人民權制、保障制與反對黨制，均是爲一黨私利考慮。張君勱進一步引用伯恩斯坦的觀點說明「革命的專政不必要」：「封建主義因其組織及組合（公司等）的硬性，幾乎隨處應受暴力的破壞。近代社會中的自由組織，所以異於封建主義者，因其有伸縮性，而且可以變更及發展。此種組織不必破壞，但需加以進一步的發展，因此我們需要組織與有力行動，但不必有革命的專政。」對於馬克思提出「工人無祖國」的說法，張君勱明確表示不認同，19 世紀以來，各國統一運動皆以民族爲界限，「工人無祖國」的口號雖激動人心，但卻不可能實現，並且就實際情況而言，這一認識也不正確。爲此，張君勱借用伯恩斯坦的論述指出，「此語對於 1840 年代的工從或可適用。因此時工人無選舉權，被擯棄於政治生活之外。就今日而言，……工人階級在社會主義的勢力下，已離無產者的地位，而進爲公民。凡爲工人者，在國中或在地方，均有平等選舉權，亦即爲國家公產的共同主人。工人子弟同受教育，工人享有健康保護，工人享有傷害保險，工人爲祖國公民，同時爲世界公民。猶之各國在國際間日趨接近，而不失其爲獨立國的資格。」張君勱認爲馬克思過於看重唯物因素而輕視社會理想，因此，社會改造有必要採納伯恩斯坦的主張，「確信社會主義運動需要一位康德」，指明唯物主義「這種意識形態輕視理想，擡高唯物因素，實屬一種自欺，而讚揚它的人們，其行動已隨時暴露了這種自欺。唯有康德的正確嚴密，乃能指出馬克思輩先鋒人物著作中應存者爲何，應廢者爲何，……而後社會民主的大目的乃可確定」。〔註98〕

伯恩斯坦對張君勱的最大影響是破除對馬克思觀點教條主義式的理解，接受德國社會民主黨「平和中正」的社會主義改造方案。他在《新德國民主政象記》中指出：「今德之柄政者，數十年來以社會主義號於國中，故議憲之初，議者竊恐其走於極端，而今所規定者，無一而非平和中正。個人自由與

〔註98〕張君勱：《社會主義思想運動概觀》，臺北：稻鄉出版社，1988 年，第 146～148 頁。

私有財產之大原則，明白承認，惟關於土地及大生產事業，限於公共利益所關，則國家得根據法律，行使其收歸國有。與俄蘇維埃政府之出於強制者迥不侔矣，是曰個人自由主義與社會主義之調和。」〔註99〕張君勱素來主張以和平改良的方式改造中國社會，再加上受伯恩斯坦的影響和德國社會民主黨的啓示，更堅定了他反對暴力革命，力圖通過改良制度的方式來實現社會主義理想。

三、共制與均權：柏呂斯對張君勱憲政的啓示

自《臨時約法》成爲民國憲法的濫觴，「制憲法」和「開國會」始終是民國政治的中心議題，即使袁世凱後來稱帝和張勳復辟也都打著君主立憲的旗號，憲政基本成爲當時政學兩界的共識。1917 年後，各軍閥之間的武力征伐也紛紛以「開國會」、「制憲法」作爲爭正統的道具，因此，軍閥的憲政口號多次讓知識分子在希望中失望，儘管如此，思想界對憲法依舊有著執著的信念。時至 1920 年代初，受五四新文化運動的影響，各種外來思潮紛紛湧入，並被援引爲各種社會改造的主張，無論各派提出何種方案，憲政始終是不變的主題。之前一直以憲政爲強國之途的張君勱，在將立國重心從尋求富強轉向追尋民主後，社會主義成爲其實現個人自由和社會公道的改造方案。社會主義前景無論如何美好，如果沒有一套有章可循的制度作爲保障，如果缺乏切實有效的具體措施，社會主義也只能是鏡花水月，以至於可望不可及。兼具思想和行動意識的張君勱顯然認識到這一問題的重要性，因此，他在考察德國社會主義時，不僅詳細審視了德國社會民主黨的具體措施和主張，還重點考察了其制度保障——《魏瑪憲法》，多次拜訪該憲法的起草人柏呂斯（Hugo Preuβ）。

柏呂斯（1860～1925，今譯爲胡戈・普羅伊斯），猶太人，魏瑪憲法之父，曾任魏瑪共和國內政部長。師從著名學者奧托・吉爾克（Otto F. von Gierke），年輕時常參加民主自由主義的極左派運動。在政治上，他是自由主義中產階層政黨——民主黨的成員，是一個有很強民主傾向的自由主義者。德國十一月革命後，時任柏林商學院國家法教授的柏呂斯在《柏林日報》（Berliner Tagblatt）發表《人民國家還是倒退的專制國家？》，呼籲中產階層與社會民主

〔註99〕張嘉森：《新德國民主政象記》，上海：商務印書館，1922 年，第 3～4 頁。

黨「完全平等負責地合作」，不要用一個倒退的專制國家來取代剛剛崩潰的帝國。柏呂斯的主張得到認同，被任命為內政部國務秘書，負責新憲的起草和制訂工作。1919 年 7 月，國民議會公佈了柏呂斯起草的憲法，並三讀通過，因國民議會制憲會議在魏瑪召開，故又被稱為《魏瑪憲法》。儘管柏呂斯起草的憲法草案在審議中幾經修改，「但他的基本思想即建立一個議會統治的自由民主法治國的基本思想一直沒有改變」。〔註100〕張君勱對《魏瑪憲法》給以很高的評價，並將其與美國憲法和法國憲法相比肩，認為「美國憲法所代表者，十八世紀盎格魯撒遜民族之個人主義也，法國憲法所代表者，十九世紀民權自由之精神也，今德憲法所代表者，則二十世紀社會革命之潮流也」。〔註101〕1919 年 12 月 23 日，張君勱在柏林拜訪了柏呂斯，並獲贈以親筆簽名之相片，此後兩人還有通信往還，討論憲法條文的細節問題。將柏呂斯與日本憲法之父伊藤博文、美憲法之父麥迪遜（James Madison）和漢密爾頓（Alexander Hamilton）相提並論。〔註102〕魏瑪法治國方案不僅繼承與發展了前人自由、形式與社會的設計，還第一次將民主也納入其思考的範圍；深受自由主義思想影響的柏呂斯也偏重從形式上闡釋魏瑪憲法，他認為對於保障公民的自由而言，國家機關依法行事、分權制衡比宣示基本自由與權利更重要。正義、自由、平等這些價值只是存在於組織與程序之中，沒有被作為國家、憲法的目標對待。〔註103〕

張君勱十分贊同柏呂斯關於國家中立的主張，「國家之中立性者，實由資產階級與勞動階級欲在《威瑪憲法》中求得一兩方所共同承認之調和方法而起者也，此方法何在？即法治國之方法，法治國在內政上之衝突，可以貢獻最大限度之中立性也。此種國家所以能具有中立性者，以其對於政治上之各黨派在國會中或憲法會議中佔有多數者，皆與以一條公開之路，與夫同等之機會。各黨能遵守憲法上取得多數方法，則不論其結果如何，咸為此種國家所承認，在此範圍之內，國家無論對於何派，立於中立地位。《威瑪憲法》因

〔註100〕〔瑞士〕埃里希‧艾克（Erich Eyck）：《魏瑪共和國史》，高年生、高榮生譯，北京：商務印書館，1994 年，第 69 頁。
〔註101〕張君勱：《德國新共和憲法評》，《解放與改造》第 2 卷第 9 號。
〔註102〕關於張君勱對柏呂斯的讚揚，參見張嘉森（張君勱）：《新德國社會民主政象記》，上海：商務印書館，1922 年，第 1～4 頁。
〔註103〕鄭永流：《法治四章——英德淵源，國際標準和中國問題》，北京：中國政法大學出版社，2002 年，第 111、113 頁。

此之故,可以視爲各階級之休戰條件,以各階級咸認此公共國家也。」〔註104〕
任何民主憲法者有這樣的任務:分配政治份量要使人民的強烈意志能決定國
家的方向,但另一方面國家又要避免受人民的情緒和激情所左右。德國民主
憲法還要解決第二個任務,即正確地平衡德意志國家與其組成部分的份量。
這是德意志歷史上的永恒難題。柏呂斯贊成中央集權,強調「我只知道有一
個祖國,這就是德國,因此我也只能一心一意獻身於整個德國而不是它的一
部分」,他的草案使德國人民有權「在德國國內不顧從前的邦界而建立新的德
意志共和國,只要居民的種族情況、經濟關係和歷史聯繫要求成立這種國家。」
〔註105〕柏呂斯將主張中央集權的思想體現在憲法中,意味著摧毀林立的諸
邦,建立統一的國家有了法理依據。針對當時國內軍閥混戰,四分五裂的現
狀,柏呂斯的憲政思想更是加深了張君勱以中央集權方式整合國家的認同,
儘管他也曾同意過聯邦治的分權模式,〔註106〕但也只是在「聯省自治」風潮
影響下的思考,聯邦分權並未成爲其後來立國思想的組成部分,因此,他在
1946年起草的《中華民國憲法》,體現的是集權式制度安排。

　　張君勱主張集權式的制度設計,強調的是國家的統一模式,即大國的整
合方式,而不是贊成政府和國家元首不受限制的極權。在1920年發表的《德
國新共和憲法評》中,張君勱指出,「政黨內閣之制,當其爲多數黨焉,則置
身政府,而自當政治之衝;當其爲少數黨焉,則居於議會而立於反對批評之
地位,如是忽而政府忽而議會,不至於坐言之故,絕不知起而行之困難,其
於養成國民之政治常識政治能力,無有過此者。此又柏呂斯博士所以采政黨
內閣之理由」。柏呂斯起草的德國憲法,規定總統由全國民選,其地位與美國
相同,然一切行政由內閣負責又與法國相似,乃調和法美兩國制度而形成。
柏呂斯嘗釋:「議會政治之下,以民選之總統爲中心,兼收二者之長而去弊,
此吾立法之宗旨也」。張君勱雖然欣賞柏呂斯調和總統制與內閣制的立意,但
「欲使內閣與總統同時負責,而各以發揮其所長,吾恐利未呈而害先見」。實

〔註104〕張君勱:《德國新憲起草者柏呂斯之國家觀念及其在德國政治學說史上之地
　　　　位》,《東方雜誌》1930年第27卷第24號。
〔註105〕〔瑞士〕埃里希·艾克(Erich Eyck):《魏瑪共和國史》,高年生、高榮生譯,
　　　　北京:商務印書館,1994年,第56、57頁。
〔註106〕張君勱1922起草的《國是會議憲法草案》規定「中華民國爲聯省共和國」,
　　　　參見《中華民國八團體國是會議憲法草案》,《上海總商會月報》1923年第3
　　　　卷第1號。

行議會主導制的同時，議會與總統的權力制衡關係並不平衡。首先，如果在某項議案中，議會與總統意見相反，根據憲法規定，總統有權將這項議案提交國民公決。但總統發佈命令，須由內閣副署才能生效，內閣由議會多數黨組成，如果副署總統命令，則與議會中多數黨意見分歧，如果不副署，則妨礙總統依照憲法行使權力；其次，在內閣拒絕副署的情況下，總統只好根據憲法規定，重組新內閣。但新閣員也只能從議會中之多數黨內選出，否則，從少數黨內挑選新閣員是不能獲得議會通過的，其結果總統的命令還是不能獲得內閣副署；第三，議會反對總統，可以三分之二的動議提出總統去職問題，並交國民公決。如果國民公決否決了議會提案，總統繼續留任，如果國民公決贊同議會提案，總統就必須去職，又與憲法所規定的總統任期年限發生牴觸。〔註 107〕

張君勱的看法很具針對性，也看到了問題的實質。在《魏瑪憲法》的制度設計中，國會議員和總統都由直接選舉產生，就合法性而言，可以說二者的權力不相上下；如從任期上看，它們之間地位的高下立分，因為總統的為 7年，而議員只有 4 年。在權力分配上，總統的優勢也明顯高於國會，總統統帥三軍，擁有解散國會、否決法律以及任免聯邦政府首腦各部部長等權力；國會則擁有立法權、修憲權、批准國家條約權，國會還有提議國民表決罷免總統的動議權，對政府和個別部長的不信任投票權等權力，從權力制衡上看，二者似乎基本達於平衡。但最要的是據憲法 48 條規定，總統在緊急狀態下，幾乎全部或部分取消憲法規定的公民各項相關權利。

魏瑪共和國在自由主義的理念下，實行比例代表制（Propotional Representation）和多黨制。根據學者研究表明，這種比例代表制是一種助長弱小政黨力量、相對削弱大黨地位的選舉制度。在這種制度安排下，各個政黨無論是大黨還是小黨，都更傾向於恪守本黨的綱領原則而不是走聯合、妥協的中間道路。它們以遠離中心的方式進行競爭，在意識形態上易走極端。因此，這種選舉制度不僅直接促成了多黨制、而且直接促成了「分裂的多黨制」的形成，實踐作用表現為固定和強化一種多黨並立、互不妥協的政黨關係和結構。〔註 108〕

〔註 107〕張君勱：《德國新共和與憲法評》，《解放與改造》1920 年第 2 卷 9～12 號。
〔註 108〕梅祖蓉、馬敏：《制度轉型的多樣性因素及關係分析——魏瑪共和國和聯邦德國民主試驗的經驗比較》，《史學集刊》2007 年第 2 期。

　　從現代民主的角度看，魏瑪憲法被普遍視爲「二十世紀最值得注意的憲法之一」，是憲法史上的傑作。〔註 109〕張君勱也認爲，「德之政治上，除革君主而爲共和外，絕無大變動，然即令事實方面，鮮可稱道，但其一部憲法中有足垂諸久遠，而可爲他國模範者」。他尤其欣賞其中與社會主義相關的規定，「其第一百五十六條所規定：以一種職業爲標準而成公共生計團體，則完全柯爾氏之職業基爾特焉；第一百六十五條所規定：以各地之工人會議，參與生計會議，亦工業民主之精神所寄焉」。張君勱深信這兩條將會有「一種新發展」，「社會組織，一方爲個人，他方爲團體，此兩者之消長因時而異，故憲法之規定，不應但偏於一而限制其他」。因而，他十分認同德國政府「斟酌於權利義務個人自由社會公道之間，而求得一大中至正之道，其必爲世所取法」。〔註 110〕總之，張君勱認爲，「德憲法第五章之生計的生活，社會主義之精神所寄，而此次革命成敗所由決也。考其各條之規定，無在非個人自由主義與社會主義之兼容並包」。〔註 111〕

　　德國魏瑪共和國外有《凡爾賽條約》的束縛，內有洶湧膨湃的激進主義挑戰，而德國社會民主黨以實施改良主義的方式，「通過一次又一次的選舉穩步地壯大，吸引了成千上萬的成員，擁有龐大的機構。它逐漸使自己適應於議會反對派的角色，以便運用民主手段登上執政黨的寶座」。〔註 112〕「德之社會民主黨之歷史，謂以議會爲惟一武器可也，然德共和之成，何嘗無同盟罷工，何嘗無暴動，卻以賓雪維幾論（布爾什維克），雖側重暴動，然亦何嘗放棄選舉」。〔註 113〕張君勱認爲在考茨基和伯恩斯坦的理論指導下，德國社會民主黨逐漸採取調和的態度，而成爲議會性的政黨。〔註 114〕伯恩斯坦的民主社會主義理念和柏呂斯的憲法成爲張君勱觀察德國的最大收穫，綜觀其後來的很多行動，都可以在這一時期找到原型。自受柏呂斯起草的《魏瑪憲法》所影響，回國後，張君勱一直致力於憲法的研究和起草工作，最終成就《中華

〔註 109〕〔日〕佐藤功著：《比較政治制度》，劉慶林譯，北京：法律出版社，1984 年，第 138 頁。
〔註 110〕張嘉森：《新德國民主政象記》，上海：商務印書館，1922 年，第 394 頁。
〔註 111〕張君勱：《德國新共和憲法評》，《解放與改造》，1920 年第 2 卷 9～12 號。
〔註 112〕〔美〕馬丁・李普塞特：《一致與衝突》，張華青譯，上海：上海人民出版社，1995 年，第 241～242 頁。
〔註 113〕張君勱：《懸擬之社會改造同志會意見書》，《改造》1921 年第 4 卷第 3 號。
〔註 114〕張君勱：《社會主義思想運動概觀》，臺北：稻鄉出版社，1988 年，第 125 頁。

民國憲法》。德國的經驗給張君勱的啓示是：「世界政黨之成立，大抵由一二理想高遠之士，以學說啓其端，後來者網羅同志，以實行竟其緒，而其間必經世人之非笑，受政府之窘辱，然抱其說者千辛萬苦，曾不以一時之毀譽成敗動其心，此則各國政黨發達之公例，而德之社會民主黨亦其一也」。〔註115〕

　　德國之所以能成功實行憲政，並通過和平改良的議會道路進入社會主義，張君勱認爲還在於德國人爭而能讓、團結合作的精神則是其基礎和前提。自辛亥革命以來，中國之所以一再革命而不上軌道，原因在於發生政治分歧時缺少交讓精神，不是尋求理性的政治表達，而是動輒訴諸武力，事事憑槍桿子說話。德國社會民主黨給張君勱的啓發是，要培養、增進國民的「道德智識」和政治品質，「如欲學德意志者，當學其交讓之精神，和衷共濟之精神」。〔註116〕因此，張君勱還提出政黨應致力於提高國民政治品格的努力：「第一，政黨當斷絕與軍人之勾結，專向國民身上下工夫。第二，政黨之武器，在以口舌以筆墨造成輿論，絕對斷絕武力關係。第三，政黨經費應由本身籌劃，不應向政府討一文錢。第四，政黨每年應開大會，討論政策及經過情形，且記載發表之。第五，政黨應刊佈小冊子，以宣傳其主義政策。第六，政黨應時時開演說大會，隨時隨地供給以國民應需之政治知識。第七，政黨黨員以守紀律、守主義爲唯一信條。第八，政黨與政黨間，應有交讓精神，對於敵黨政府，又應有兩三年之忍耐，以待其從容展布，不可存朝上臺夕推翻之心理。第九，政黨當相戒，勿以金錢贖買選民及議員，以腐敗其政治道德。第十，政黨之於內爭，不得利用外國金錢或軍械，以壓倒反對黨。」〔註117〕與同一時期胡適自由主義知識分子等人羞於談政治不同，張君勱則主動參與到政治中去，創辦政治大學，希望從教育上提高國民政治品格，培養與德國社會民主黨相類似的政治精英，雖然政治大學後來被查封，但三十年代初所組建的國家社會黨卻得力於此努力。

第三節　自由主義思想再借鑒：張君勱的秩序選擇

　　1920年代初，思想界對社會主義雖然表現出積極的態度，但總體上缺乏充分的學理探討。張君勱起初格外關注憲法的制定和社會社會主義實行的具體措施，但無論是分清社會所有和國家所有的界限，還是實現個人自

〔註115〕張嘉森：《新德國民主政象記》，上海，商務印書館，1922年，第9頁。
〔註116〕張君勱：《德國新共和憲法評》，《解放與改造》1920年第2卷9～12號。
〔註117〕張君勱：《國民政治品格之提高》，《改造》1921年第4卷第2號。

由和社會公道的理論，都需要堅實的政治理論作爲後盾，這一系列問題迫
使他不得不深入思考國家、社會、個人三者的關係。而拉斯基的政治多元
論恰好爲論證上述問題提供了借鑒空間，〔註 118〕拉氏《政治典範》中所建
構調和國家、社團與個人的宏大學說，很快便得到張君勱的認同，並傾力
將之譯爲中文〔註 119〕。爲便於國人對拉斯基觀點的理解，張君勱在《新路》
雜誌上以「立齋」爲筆名撰寫《英國現代政治學者賴司幾氏學說》一文，
介紹和分析拉斯基的理論框架和思想內涵〔註 120〕，該文後更名爲《賴氏學
說概要》收入《政治典範》作爲導讀。因此，探討張君勱的社會主義思想，
有必要審視《政治典範》的翻譯，通過譯介這部著作，張君勱在國家、社
會和個人三個層面上，不僅有學理上的思考和建樹，也有直接投身於政治
運作的嘗試與實踐。以往學界對張君勱的研究多側重於制定憲法、組黨活
動以及民族文化復興等方面，極少關注譯介《政治典範》對其建構國家秩
序和民族文化理念的作用。爲數不多的論者指出張君勱在「國家、社會、
個人」間維持平衡的立場受到拉斯基影響，但關於張君勱對拉斯基思想的
判斷、理解與取捨則缺乏深入梳理和分析。〔註 121〕本節擬就張君勱譯介《政

〔註 118〕哈羅德・拉斯基（Harold・J・Laski 1893～1950），是 20 世紀 20～50 年代歐
美重要的政治哲學家之一，英國工黨的著名理論宣傳者和主要活動家，費邊
社重要成員，曾先後在加拿大與美國的多所大學任教，1920 年以後長期執教
於英國倫敦大學政治經濟學院。曾擔任英國工黨執行委員會委員（1939～
1946）和主席（1945～1946）。一生著作頗豐，著述 30 多部，其主要代表作
有《政治典範》、《民主政治在危局中》、《論當代革命》等。作爲多元主義國
家理論的創始人之一和英國工黨左翼理論家，他的學說在英、美等國的政治
學界產生過重大影響。在 20 世紀 30 年代的民國知識界，許多自由主義者留
美或留英期間都曾受業於他。如錢昌照、陳源、徐志摩、羅隆基、王造時、
杭立武、張奚若、蔣廷黼、儲安平、吳恩裕等。

〔註 119〕關於《政治典範》的譯介，張君勱在後來的文章中回憶：政治大學被國民黨
當局查封後，「在滬無事可做，乃譯拉氏之《政治典範》，每月由商務印書館
出兩百元維持生活。」由於當局的打壓，譯書不敢署眞名，「改用『張士林』，
於『嘉森』二字中，士字取嘉（原文無此字，疑漏印——引者注）字之頭，
林字取森字之腳。」參見《廿餘年來世界政潮激盪中我們的立場》，《中國民
主社會黨專輯》，上海：再生雜誌編輯部 1946 年版，第 52 頁。

〔註 120〕參見立齋：《英國現代政治學者賴司幾氏學說》，《新路》1928 年第 1 卷第 7
期。

〔註 121〕鄭大華在《張君勱傳》中，圍繞張君勱的《賴氏學說概要》對拉斯基及《政
治典範》進行過簡要介紹，但未就張君勱所受的影響及其處理「國家、社團
和個人」展開論述。參見鄭大華：《張君勱傳》，北京：中華書局 1997 年版，

治典範》及其建構國家、社會和個人之間的關係等以往學界疏於關注的問題進行梳理和探討。

一、國家層面的秩序思考

在近現代西方政治思想史脈絡中，對國家的認知存在著一元主義和多元主義兩不同取向：一元主權論主張國家為一元且無所不包，一切社團均受國家的支配；國家主權壓倒一切，國家主權的意志即為道德的最高意志，社會內任何團體與個人對國家主權意志只能絕對服從。〔註122〕19 世紀下半葉，主權一元論產生的困境和弊端引起歐美政治思想界的反動。20 世紀初，特別是一戰後，反對國家主權論的政治多元論思潮在歐洲興起。〔註123〕多元論者既反對啓蒙運動的原子論個人主義，也反對布丹、黑格爾式的一元主義的國家至上論。多元論者認為，一切社會團體，例如工會、教會等都應享有和國家一樣的生存與發展權利，國家在本質上同其他社會團體並無不同。

拉斯基在《政治典範》中闡述的國家學說正是建立在批判一元主權說的

第 193～202 頁。鄭氏還以《國家、社會和個人》爲題研究張君勱政治思想的演變，論述不同時期張君勱處理三者關係的主張，但沒有涉及張氏譯介《政治典範》，及其所受之影響。參見鄭大華：《國家、社家和個人——張君勱政治思想的演變》，《天津社會科學》，2004 年第 4 期。翁賀凱注意到張君勱於國家、社會與個人之間維持一種調和與平衡的基本立場，深受拉斯基《政治典範》的影響，並認爲張君勱在政治哲學上的這一基本立場，構成了其民族建國思想的一個基本出發點。雖就拉斯基以及張君勱對《政治典範》的譯介進行簡單梳理，但並未展開深入分析。參見翁賀凱：《現代中國的自由民族主義——張君勱民族建國思想評傳》，北京：法律出版社 2010 年版，第 311～320 頁。
〔註122〕一元主權論自 16 世紀法國律令學者讓·布丹（Jean. Bodin）提倡以來，歷經盧梭的主權在民說，黑格爾的國家主權說，由新黑格爾學派格林、布拉德雷和鮑桑葵等發展，時至 19 世紀末 20 世紀初在歐美政治學界居於主流地位。
〔註123〕其代表人物有英國的巴克（E. Barker）、梅特蘭（F. W. Maitland）、柯爾（G. D. H. Cole）、拉斯基（H. J. Laski），法國的狄驥（L. Duguit）、朋哥（Paul-Boncour），德國的奇爾克（Von Gierke），荷蘭的克拉勃（H. Krabbe），美國的威廉·詹姆斯。關於政治多元論的評述可參閱 E. Barker, The Discredited State, Pol. Qtly., 2: 101～121; F. W. Coker, The Technique of the Pluralistic State, *Am.* Pol. Sc. Rev., 15: 186～213; H. J. Laski, The Pluralistic State, Phil. Rev., 28: 562～575; G. H. Coker, Pluralistic Theories and the Attack upon State Sovereignty, in Merriam and Barnes（edi）, Political Theories, pp. 80～11; Coker, The Pluralistic State, *Am. Pol. Sc. Rev.*, 14; 393～407.Peter Lamb, Laski's ideological metamorphosis, *Journal of Political Ideologies* 4.2, 1999, pp239～260.

基礎上，主張政治上推行多元自由主義，用代議制方式將國家構建爲提供人民基本需要的中立社團；經濟上推行私人財產與社會主義的調和。在《政治典範》發表之前，拉斯基對傳統的一元國家觀持根本性的否定態度，批評一元主義國家論的一大錯誤是認爲國傢具有道德和倫理上的優越性。1920 年返英任教於倫敦經濟學院之後，拉斯基在韋伯夫婦的引薦下進入費邊社和工黨的核心，根據英國國內的現實政治經濟狀況，他開始傾向於費邊主義的漸進改良主張。歷經英國工人運動的連續失敗，拉斯基對採取「直接行動」感到厭倦而回到議會鬥爭路線，開始有限認同一元主權說的部分主張，對多元主義國家學說進行了微調〔註 124〕。並傾數年之功撰著《政治典範》，修正早期的政治多元論思想，建立一個宏大的學說來平衡國家、社會和個人的關係。

在《政治典範》中，拉斯基調整了早期激烈反對一元主義國家觀的態度，提出若要發展和健全個人人格，保護國民之公共需要，調和不同社團之間的矛盾，必須將此種服務「委之國家」，國家是「社會拱門的基石」，具有「平均酌劑」的功能，在職能、權限上必須高於團體。拉斯基調整對國家的看法，「以多元主義者之資格，隱示對於一元主義之讓步。」〔註 125〕同時，仍然站在多元主義的立場，強調國家須嚴守界限，認爲國家是使多數眾實現最大範圍內之善的一種組織。國家不能概括人類一切活動，「雖社會秩序以國家爲主宰，而終不能混而爲一」。〔註 126〕對於社團的自主性非萬不得已不得干涉，「國家之握有權力，並非絕對的，乃有條件的」〔註 127〕。「國民之所望於國家者，一消費者之利益耳，一鄰里鄉井之利益耳。凡此諸端，皆由國家爲之組織籌劃，使人民之所需，可以頃刻取求，不至於匱乏。」〔註 128〕

拉斯基在《政治典範》中所構建的調和國家、社會與個人的系統學說，給苦苦尋求中國出路的張君勱極大的啓發。從《賴氏學說概要》一文中就能

〔註124〕這一時期的拉斯基「以維護中央集權國家中個人和志願團體的權利作爲主要的奮鬥目標」，主張「摒棄費邊式的漸進主義，鼓吹採取直接行動乃至最終舉行總罷工」，號召宗教團體和同業工會「利用它們的法人身份同中世紀的國家進行抗爭，以維護自身的權益和獨立的地位」。參見金斯利・馬丁：《拉斯基評傳》，北京：商務印書館，1995 年，第 82～83 頁。
〔註125〕張君勱：《賴氏學說概要》，拉斯基：《政治典範》（一），上海：商務印書館，1930 年，第 7 頁。
〔註126〕拉斯基：《政治典範》（一），上海：商務印書館，1930 年，第 16 頁。
〔註127〕拉斯基：《政治典範》（一），上海：商務印書館，1930 年，第 19 頁。
〔註128〕拉斯基：《政治典範》（一），上海：商務印書館，1930 年，第 77 頁。

看出他對拉氏的推崇，張君勱認爲，「一時代之政象，有其一時代之學說爲之後先疏附」，17 世紀英國的代表是洛克的《政府論》，而 19 世紀上半期則以邊沁之《政治拾零》和密爾的《自由論》、《代議政治論》爲之代表。當前可以代表英國者，「捨菲濱協會之槐伯（韋伯）夫婦，工黨之麥克唐納氏，基爾特社會主義者之柯爾氏，與新近學者之賴斯幾（拉斯基）氏外，無可他求矣」。張君勱毫不掩飾地說：「我所以獨好賴氏者，槐氏等專爲政治上一種主義鼓吹，而賴氏於政治學有全系統之說明，故繼承陸克邊沁穆勒之正統者，殆賴氏矣乎。」〔註 129〕

　　張君勱譯介《政治典範》，既有爲自己尋求建構民族國家的理論支持，也有爲當時知識提供參考樣本的考量，因爲民國以來所採用的憲法和議會政治，多停留在法律條文上，或是僅僅模仿了外表，實際運用從未脫離中國人的老脾氣。「名爲憲法，實則成爲舞文弄法的工具。名爲政黨，實際上是三五成群、私利是圖的朋黨。內閣閣員之同意，總統之選舉，都出自賄賂。在上的既無守法的領袖，下又無可以夠得上監督議員的多數民眾。」〔註 130〕而國民黨完成武力整合後，又受到 1929 資本主義經濟危機的衝擊和德意法西斯主義集權的影響，加之日本入侵的危機，使不少人傾向於擴大國家的權力，甚至主張實行新式獨裁。〔註 131〕

　　張君勱將拉斯基的宗旨概括爲：「國家社團個人三者，宜求其相劑於平，國家非主權體也，委之以平均酌劑之任務，個人則設爲權利系統以保障之，俾達於自我實現之境，至於社團，如教會如工會之活動範圍，有爲國家所不應侵入者，更許社團以選舉職業代表權，俾得參與政策之決定。」並認爲拉斯基與「槐氏柯氏（柯爾）之專爲社會主義運動計者，不可同日語」。〔註 132〕在國家

〔註 129〕張君勱：《賴氏學說概要》，拉斯基：《政治典範》（一），上海：商務印書館，1930 年，第 1 頁。

〔註 130〕張君勱：《立國之道》，上海：商務印書館，1947 年，第 82 頁。

〔註 131〕1933～1935 年間，以胡適主編的《獨立評論》爲中心，中國思想界曾開展過一場「民主與獨裁」的討論，蔣廷黻、丁文江等人從獨裁政治有利於中國實現統一，「民主政治在中國比獨裁政治更不可能」的立場，主張中國應像德國和意大利那樣，實行獨裁政治；而以胡適、張奚若爲代表的一些人則堅持民主政治在價值上優於獨裁政治，中國只能以建立民主政治，尤其是欣賞傳統的議會民主政治。

〔註 132〕張君勱：《賴氏學說概要》，拉斯基：《政治典範》（一），上海：商務印書館，1930 年，第 18 頁。

制度問題上，張君勱準確地認識到拉斯基從政治與經濟兩方面立論，政治上繼承英國的自由主義傳統，提倡個人自由和代議政治；經濟上追求社會主義，但反對蘇俄採用沒收的方法，認爲「以革命之方法達改造生計之目的，不特原有之目的不達，且爲害有可勝言者」。〔註133〕根據拉斯基的《政治典範》結合中國實情，張君勱提出「於政府權力和個人之間求一種調和方案」，認爲國家成分不外三個，「曰個人，曰國家，曰社會」，三者的關係是「國家（政府）握有權力，社會維持公道，個人享有自由」。一個國家要立國必須做到「國家政事貴乎敏活切實，社會確立平等基礎，個人保持個性自由。」〔註134〕

　　張君勱借鑒了拉斯基的主張，從國家存在的作用、法理上的依據和道德層面的價值對國家進行學理探討和制度設計。認爲「國家爲保障生存計，不得不有武備；爲人民謀生計，不能不有工商之行政；爲教育人民計，不能不有教育；爲便利貨運與人民往來計，不能不有交通工具；爲確定個人間權利與義務之爭執計，不能不有司法；爲舉辦以上各事計，不能不有財政。所以，國家之內容，不外軍事、交通、司法與財政等」。〔註135〕國家包含人民與人民團體，國家的一舉一動，關涉人民的生命財產，所以法規不能不求其正確，變更法律須得經過法定的手續。故張君勱強調，立法與修改法律，須與人民商量，須有民意代表參加。〔註136〕張君勱的國家理論除有法律的考量外，還有道德上的反思，「恃乎權力，恃乎槍桿」，並非立國之道。對內「專靠權力亦不能維持長久，所謂『馬上得之、不能馬上治之』」；對外而言，「國際間勝負，誠然要靠武備，但整個國家在武力的背後，如無集體的道德，要想立國於世界之林，也是不可能的」。〔註137〕

　　拉斯基認爲國家之握有權力，並非絕對的，而有一定的條件限制。國家有權力，也因此要承擔義務。國家之存在的作用是使人民發展自我之最善，「國家者，立於勝任或不勝任之道德的測驗之下，非有先天之是非，爲其行事之標準。其發號施令也，於隱約中有一貫之目的，曰人民公共生活之所本，有若干衝動，當使之盡量發揮而已」。〔註138〕國家是使多數眾實現最大範圍內之社會的善，

〔註133〕張君勱：《賴氏學說概要》，拉斯基：《政治典範》（一），上海：商務印書館，1930 年，第 18〜24 頁。

〔註134〕張君勱：《民主獨裁之外之第三種政治》，《再生》1935 年第 3 卷第 2 期。

〔註135〕張君勱：《立國之道》，上海：商務印書館，1947 年，第 31 頁。

〔註136〕張君勱：《立國之道》，上海：商務印書館，1947 年，第 33 頁。

〔註137〕張君勱：《立國之道》，上海：商務印書館，1947 年，第 38 頁。

〔註138〕拉斯基：《政治典範》（一），上海：商務印書館，1930 年，第 19 頁。

但國家不能概括人類一切活動，「雖社會秩序以國家為主宰，而終不能混而為一」。〔註139〕張君勱強調國家不是某一階級、某一政黨或某一個人的「私產」，而是國人之「公器」。關於國家共有的觀點，張君勱除了受到拉斯基的影響之外，還借鑒了盧梭的「總意說」和黑格爾的「客觀精神」，在他看來：「國者，人類所造成，而人類心目中有其善惡是非之辨，以西方哲學家之言名之，曰價值判斷。」故「歐洲希臘與夫近代各國，其政治學之重心，厥在以國家為團體，以國家為道德的團體，人類不能一日而離團體，離團體則物質上無以生活，道德上無以立己立人。……迄於近代，社會公約（social contract）之說昌，國家之為人民公共團體之理因以大明，由此而釋之，則有盧梭之總意說，以立國家之基礎，更有黑格爾之客觀精神之實現，以明國家與其制度，皆為人類在同一地域上精神之實現，雖二氏之說，難者蜂起，然國家為一體（Unity）之義，則歐洲各國不獨公認，固已現之於事實。」〔註140〕國家作為國人的公共組織或「公器」是由人們心中共同的「善」所決定的。而「全國人民既整個操之於國家手掌之中，國家自應負撫養與領導之責。譬如已入學之兒童，其常識公德應比未入學時高人一等。國民因徵兵而入伍，經過相當時期訓練，其體魄與做人之道，當比入伍前要好得多。關於全國的富力應年年增加，關於國防應一年比一年充實。上下互相督促，自成相親相愛之團體，而國家之生存乃可長久維持下去。一國政治家如能盡此責任，國家自然富強。如不盡此責任，則相反之結果即隨之而來。故曰國家之生存，在於集體道德與法治習慣之中」。〔註141〕

與拉斯基一樣，張君勱也十分警惕權力的濫用，認為「凡一團體，必有其權力所在之中心點，必有其發號施令之機關」，對一個國家而言，權力的重要性不言而喻。尤其中國處於外敵入侵的危急時刻，「軍事瞬息萬變，非有一人即決即行，不足以應付敵人。由此可知權力實為國家不可少之要素，權力不具，則國家陷於混亂，而戰時尤甚」。權力固為國家不可少之要素，若政府濫用權力，則人民將遭受痛苦，因此要將政府的權力範圍規定於憲法之中，「政府執行權力之先，許有民意參加其間」，現代國家人民所以有選舉權，有議會監督，其意即在此。〔註142〕

〔註139〕拉斯基：《政治典範》（一），上海：商務印書館，1930年，第16頁。

〔註140〕張君勱：《未完之國家哲學初稿》（一、二），《再生》1937年第4卷第5、6期。

〔註141〕張君勱：《立國之道》，上海：商務印書館，1947年，第41頁。

〔註142〕張君勱：《立國之道》，上海：商務印書館，1947年，第146頁。

　　張君勱對國家的構想和主張，具有三個層面的意義：從政治組織層面看待，「國家者，有政治組織之人民，居於一定領土之上者也」；從法理層次審視，「所謂國家是多數人民集合而成之國體」；從道德理性上觀照，引德來茲基（Troitchko）的觀點說明，「國家者，道德的共同團體也」。前兩者重於現實經驗考察，後者則從道德理性的角度立論。張君勱從三個層面審視國家，並非是對國家的三種定義，張君勱進一步解釋道：「『國家』這個東西，有其經驗的基礎，有其理性的基礎。國家之所以為國家處，就在它是一個公器。提到『公』字，自然有它的公共性、普遍性、永恒性。」〔註143〕國家作為國人的公共組織或「公器」是由人們心中共同的「善」所決定的，國家的目的，就是要實現「善」的本質。

二、社團作用的深度審視

　　拉斯基十分重視社團的作用，甚至將社團的地位提高到與國家相等的程度。拉斯基認為，社團的產生源於人的最低限度需求（欲望），要滿足這種需求，必須借助於團體力量才能實現。人作為具有理性的動物，依理性而有目的，這種目的即為社會的公善。「一切社會組織意向咸在達社會之公善。此公善即人人之善，人人之善，即謂人人咸能充分發展其人格」。個人的善不能離開公善，公善也離不開個人。國家之所以存立，人民之所以服從，都是為了達到社會的公善。達此公善之方法，不僅屬國家也屬於社團，「蓋人除為國家公民外，有因宗教性之趨使而為教會之一員者。又有因經濟上之需要，而為工團一分子者。教會工團以用其他團體，皆社會之組織，皆各為滿足人之需要，以達社會之公善。」〔註144〕社會含乎國家，國家與教會工團等，同為社會團體。雖國家之職司範圍較廣，性質卻並無不同，國家行動的善惡及應服從或反抗，須經公民審察而定。拉斯基認為，社團的存在根據不在於國家認可或者符合法律，而在於人民的某種需要，故社團的存在具有其正當性。它因而得以享有與其職能相應的權力，所以拉斯基主張政府在決策的過程中必須充分聽取職業團體，尤其是工會的意見，並用法律將其固定。

　　在拉斯的理念中，國家不能隨意取締國內的社團，也不能限制它們活動的權利，各種社會團體在他們的範圍內，也與國家一樣，各有各的主權。社

〔註143〕張君勱：《立國之道》，上海：商務印書館，1947年，第29、33、41、382頁。
〔註144〕杭立武：《政治典範要義》，上海：黎明書局，1933年版，第6頁。

團權力分配方式取決於各個社團的職能，職能大者權力大，職能小者權力小，權力從來不會完全集中在國家手中。國家只是在下述意義上與其它社團得以區分：其它社團，例如工會只是工人的聯合，以維護工人階級的利益爲根本職能，而國家的成員是全體國民，它與工作、階級無關，「人民與國家之關係，但問其是否爲國民，其爲律師爲礦丁爲天主教爲耶穌教爲工主爲工人，初不計焉」，它的唯一的目是滿足全體人民的需求。〔註 145〕團體的主權是否有力，取決於團體的會員能否接受它議決的事。同時，社會中每一個人所屬的社會團體也不止一個，即使把個人所屬的社會團體完全數完，也不能說這一個人的人格就盡於此。因爲在個人所屬社團的上面還有一個自我，超立於種種社員的資格之上而爲之宗主，爲之調和。社會團體的機能常限於一種狹隘的目的，所以一種團體的機能，絕不可有最終的權力，一個團體的意志，絕不能是最終的意志。因此，保護消費者的利益，調和各種機能或各種團體的意志，還得靠國家才能得以實現。〔註 146〕

拉斯基主張保留並適當改進代議制，經濟上推行兼顧個人利益的社會主義，但「此種計劃，以其非徹底的改造也，非取資本主義一朝消滅之也。」在堅持代議制與政黨制的同時，賦予職業社團以相應的政治地位以改善代議制，因爲職業團體具有承上啓下的功能和積聚專家的特性，「吾人意中某職業之有關係者，立於政府各部之旁，爲其諮議機關，不可集合於一堂之上也。」拉斯基反對選舉以職業代表爲基礎，因爲以職業身份爲基礎，則隱藏在職業背後的個人就不再平等，職業代表的數目最終取決於職業的強弱。政府可能成爲某一職業的政府，況且職業代表機關只關心本職業的利益，不能與聞公共利益。拉斯基看到，「職業代表機關之用，在乎各業於其本業之利害，盡情發表，至以一般的社會問題之解決，期諸各業不可得也。何也，以社會問題屬之各業聯合會，彼等自其本業以立言，僅一部分人利害之見而已，勢不爲人所重視，若棄其本業之地位，自遠大之點以發言，則又失其爲職業代表之資格。」並且以職業爲單位進行選舉，容易爲職業團體的領導人所操縱。因此，「然則求民意之直接反映於代表機關中，與其以職業爲本位，遠不如一人一權之制，輔之以政黨公開競爭之爲愈矣」。〔註 147〕

〔註 145〕拉斯基：《政治典範》（一），上海：商務印書館，1930 年，第 77～78 頁。
〔註 146〕拉斯基：《政治典範》（一），上海：商務印書館，1930 年，第 72～74 頁。
〔註 147〕拉斯基：《政治典範》（一），上海：商務印書館，1930 年，第 66～68 頁。

　　張君勱對於社團的認識深受拉斯基的影響，在其論述中卻較少直接以「社團」字樣出現，而是多以「社會」為視域進行立論，「社會」在他的語境中，是與國家相對的「社團」或「公民社會」。在張君勱看來，「國家是由人民組成的，如果一千個人或一萬個人結合起來，組織一個團體，說出他們的主張，就可以影響國家的政治。所謂政黨就是這種團體，而政黨的用處，就是社會上的士農工商各階層，為了保護他們的利益，大家結合起來，把主張說出來，以影響或改良國家的政治。」民主政治離開不了政黨，「政黨是多數人的集合體，也就是所謂集會結社。凡民主國家，人民都必享有集會結社自由之權」。〔註148〕鑒於中國的實情，張君勱將拉斯基的「社團」功能落實到「政黨」上。

　　張君勱注意到民國建立以來，新式政黨和社團不斷湧現，紛紛以民主的姿態參與民國政治活動。然而這些都是表面現象，絕大多數人組黨入黨，「本無所謂主義，入之既久，而無所希冀，或出怨言，或顧而之他。所謂黨中領袖者，固嘗奔走國事，稍識西方政治活動之大義矣；然一旦利害發生，則互相競進，雖朋友之誼且不顧，又遑論乎黨！」而「所謂政黨者，號稱有主義有政策者也，考其內幕，則黨魁與黨魁不相容，黨員與黨員不相容。所以陰驅而陽遣之者，不外乎地位金錢，是與考生之以功名所關，不惜百計排斥他人而但求一己之術之售者，有以異乎？」〔註149〕故20年代初張君勱並不認為當時的政黨有參政的能力，而是將政黨定位於提高國民政治品格的教育功能上。

　　九一八事變後，張君勱根據局勢的變化對政黨進行了重新考量，不再堅持「國民政治教育機關」的角色〔註150〕，主張政黨應界入政治生活，從制度層面改造和重塑國家。為此，張君勱於1932年發起成立中國國家社會黨，並提出政黨合作、「舉國一致」的主張以應付國難。〔註151〕認為「各黨領袖一律

〔註148〕張君勱：《民主社會黨的任務》，《再生週刊》1947年第160期。

〔註149〕張君勱：《政治活動果足以救中國耶》，《改造》1921年第3卷第6號。

〔註150〕張君勱以其在歐洲游學、考察的經歷，對西方國家民主政治的認識，結合他對中國現狀的瞭解，儘管政黨政治對他具有很強的吸引力，但他並不主張立即在中國實行政黨政治，而是提倡「以政黨舉國民政治教育之業」，將政黨工作的重心投向國民政治品格的改造和提高上，「一心並力於政治社會的教育而期其收效於十年百年之後」。參見張君勱：《國民政治品格之提高》，《改造》1921～1922年第4卷第2期；《政治活動果足以救中國耶》，《改造》1921年第3卷第6期。

〔註151〕張君勱提出權力集中、「舉國一致」的主張，使其倍受時人的置疑和後來學界的批評。其實，他的這一主張是在日本加緊入侵、民族危機加重的特殊背景下產生，其出發點既是探索新的立國路徑，更重要的是為集中全國力量以救

被選，俾成爲舉國一致政府」，以區別於議會民主制下的政黨輪流執政以及蘇聯和國民黨中國的一黨專政。〔註152〕「政府之成立，原所以爲國家。但政黨政治下之政府，往往由各黨自爲主張，或上或下，一若黨重而國輕，失卻政府原所以爲國之意。今後之中國，常在艱難困苦中，惟有仿照歐戰中，英之聯立政府，法之神聖聯合，大家犧牲黨見，以一心爲國之精神組織政府。」〔註153〕強調國難環境下各黨各派團結的重要意義，呼籲在此特殊時期，「大家應當嚴行歐洲所謂政黨間休戰」；各黨領袖應本著對國家負責的態度，「一律加入政府，甚至負組閣的責任」。〔註154〕

　　張君勱力主政黨政治，他與拉斯基一樣，看到議會民主制雖曾使「大多數人民得預聞政治之權，大多數人民之生活智識因而增進」，也使「人民言論結社之自由得所保障」，但這一制度的產生弊端仍不可輕視，如「空言多而實行少」，「各黨間之磋商，類於買菜之論斤論價」，「政府更迭頻繁，不能久於其任」，「黨派之私利重於國家之公利」等。〔註155〕對此流弊百出的情形，拉斯基認爲必須用蘇維埃代替，或者在國會之外，另設一個生計會議，以彌補其弊病，甚至認爲乾脆用改進的兩院制替代一院制。張君勱提出，「現代化的政治方式是集團的，權利的，不是個人的，禮賢的，」「政府須建築在社團和政黨之上」。〔註156〕「政府之所以應有權力，不外以下之原因：（一）爲團結內部，政府只能有一個，然後政府之權力乃能貫徹。（二）爲維持國內安定。（三）爲對外關係。譬如英國爲政黨政治之國家，向以兩黨更迭秉政爲常軌。

亡圖存。他認爲，「舉國一致」所以有助於應付國難，在於集中了全國的力量，避免黨派之間的爭奪和消耗，成就一個強有力的政府，使之辦事更加「敏活與迅速」，提高行政效率，以滿足當前形勢的需要。權力之集中並非專制，「舉國一致」之下的強有力、高效率政府與民主精神並不相悖。當一個國家出現緊急情況之時，「自然容不得發言盈庭日中不決的事情出現」，於是乃有歐戰時英國戰時內閣的成立，乃有國社黨舉國一致政府主張的提出。「但我們卻不能說這種政府是反乎民主政治的原則，我們反而可以說這樣的政府所以能集中權力正由於根據民治主義的眞正精神。不然，便流於專制了。可見政權的集中，換言之，即行政效率的提高，實在與民主政治根本上不相衝突」。《我們所要說的話》，《再生》1932年第1卷第1期。
〔註152〕張君勱：《國家民主政治與國家社會主義》，《再生》1932年第1卷第2期。
〔註153〕張君勱：《立國之道》，上海：商務印書館，1947年，第154頁。
〔註154〕張君勱：《民主獨裁以外之第三種政治》，《再生》1935年第3卷第2期。
〔註155〕張君勱：《國家民主政治與國家社會主義》，《再生》1932年第1卷第2期。
〔註156〕張君勱：《廬山禮賢之政治意義》，《再生》1937年第4卷第8期。

當一九三二年金本位動搖之日，工黨與保守黨均認為大難臨頭，於是各黨攜手，組織舉國一致之政府以應付此大難。良以國家承平之日，可以容許兩黨轆轤上下，到了國難臨頭，但求有統一的政府，安定的政府，黨派問題則為次要。」〔註157〕如果權力不能集中，則政治不能安定，更談不上應付國難。

「僅有上層而無下層，建國大業亦不易成功；只有下層而無上層，彷彿衣無領，網無綱，自無頭緒；僅有上下層而無中間層，則其意思亦不易貫徹。」〔註158〕因此，要建一個異於中國古代所謂「黨禍」、「黨錮」的「黨」或「社團」，也不同於專制國家行一黨專政之黨。民主政黨要擔負三項基本任務，一是要「施行政治教育」，提高人民的參政意識，為政黨贏得選舉創造選民基礎；二是要「團結一部分群眾，解決投票困難」，通過政黨推定候選人，將選票集中於一定對象，以避免民眾缺乏目標、選票過於分散的現象發生；除以上二者，還要「參加立法與行政機關，負起責任」，政黨通過贏得選舉在作為立法機關之議會中佔據多數席位或直接出面組閣，直接為國家與人民服務。未能贏得選舉的在野黨或議會中之少數黨也不能袖手旁觀，它們的活動同樣須對國家和人民負責。〔註159〕

在張君勱的語境中，拉斯基的「社團」功能被「社會」所涵攝的「公民社會」和「政黨」取代，一方面有民族危亡時期凝結「舉國一致」力量的需要，抗戰建國成主流話語，所有社會團體的活動都圍繞著這一主軸進行。另一方面，社團在近代中國雖有一定程度的發展，但並未形成英美法等國家那樣的具有明顯權利義務意識的社團，職業團體更是不健全。因此，關於社團的考量，張君傾向於集中社會團體的力量造成一個與國民黨相對存在的在野黨，這樣既可以監督國民黨防止其濫用權力，同時還能集中戰時社會力量，一致對外。

三、個人自由的理性思考

個人作為國家和社團的關鍵要素，拉斯基主要從權利與自由方面進行審視。拉斯基認為，自由緣於人權產生，沒有人權便沒有自由，人權是國家求

〔註157〕張君勱：《立國之道》，上海：商務印書館，1947年，第147頁。

〔註158〕張君勱：《立國之道》，上海：商務印書館，1947年，第89～90頁。

〔註159〕張君勱：《中華民國民主憲法十講》，上海：商務書館，1947年，第101～102頁。

達公善之目的和人民審查國家之行爲的準則。人權具有時代性，「一時代之人權，爲該時代自然之結果。」拉斯基列舉了現代人應有的八項人權，即參加工作、獲得適當酬勞、享受相當暇逸、參加工業管理、享受教育、參政、言論自由、集會結社之自由。在充分享有人權的條件下，自由是個人充分發展自我所必有之環境，但自由並非無拘無束。自由有三方面：一曰獨身自由，即對於個己之事務，有自主之機會；二曰政治自由，對於公共之事務，有參加之權會；三曰經濟自由，即在生活方面安定，且工作上有尋覓意趣之機會。自由普及民眾，必有三種保證：一曰無特殊權利之存在，二曰無人得濫用其權力，三曰國家行爲無所偏私。〔註160〕

　　「權利者社會生活之要件，缺之者則人類不能發展其自我之最善之謂也。人之所以有權利，即以吾人爲國家分子之故。人之所有權利，所以使吾人所特具者，在此國家組織之下，得以貢獻於公眾。……我能成爲最善我之條件具備，即所以使我努力於達於最善我也。」〔註161〕此點張君勱深表贊同，權利是個人達於至善的必要條件，「社會之內，以各盡所長爲原則，國家深恐此自我之發展，有爲之妨礙者，於是設爲條件以保障之，此即謂權利也」。〔註162〕它的大小與多少取決於人所要實現的目的。權利是一種保障，它去除了個人發展的障礙，使人能達於至善。「個人本其理智之判斷，以貢獻於國家公善之謂。因是公民有應受教育之權利，使其智識充分發展，然後能盡公民之責任。」拉斯基向來重視教育的重要性，「一個沒有知識的人，甚至在他的無知狀態中，也可能是自由的。但他不能在我們的世界中運用他的自由來確保他的幸福。一種強迫性的心靈教育仍然是強迫。當這種強迫停止時，亦僅犧牲了某種自由權，而換取更大的自由。」〔註163〕個人心靈需要受過運用自由的訓練，否則，自由是不會有價值的。

　　公民能眞正貢獻於國家也需要基本財產的保障，「我所有之財產，爲執行我之職務所不可缺者，則我固應有財產權也。申言之，我所有之財產，於全國公福相關聯，且爲公福維持之要件，則財產權固我所應享也。……故吾人

〔註160〕拉斯基：《政治典範》（二），上海：商務印書館，1930年，第80～87頁。
〔註161〕拉斯基：《政治典範》（二），上海：商務印書館，1930年，第4～5頁。
〔註162〕張君勱：《賴氏學說概要》，拉斯基：《政治典範》（一），上海：商務印書館，1930年，第10頁。
〔註163〕拉斯基：《現代國家中的自由權》，北京：商務印書館，1959年，第34～35頁。

之意，各人之財產所有權，以達於個人行動之相當饜足爲止，此外非所應享。」
〔註164〕張君勱認同拉斯基的觀點，認爲「賴氏以爲國民之智識財產約略平等，
然後可語夫政治生計上之自由平等，非然者，雖有美制，徒成具文，明乎此
義，則治國之唯一方針，厥在國民之地位之擡高，此外無他妙巧矣。」〔註165〕

　　無論是作爲國家的國民還是作爲社團的成員，張君勱和拉斯基都十分重視
個人自由。張君勱認爲，「自由學說之最大價值，在其能養成獨立人格與健全公
民。這一點不可磨滅之價值，可以垂諸千百年而不變」。〔註166〕自由與權力二
者缺一不可，古代國家重權力，現代民主國家則偏於自由，「自由與權力，彷彿
人之兩足，車之兩輪，缺其一即不能運用自如。」〔註167〕政治不能一日離開權
力，權力的執行應當根據一定之法規，既不可不足，更不得有越軌的行動。「權
力之執行，應本諸政治家良心之所信，出之於大公至正，然後其所執行，乃能
有利於國與民。」與權力相輔則爲責任，「政治領袖根據權力執行某種事務，必
須有充分理由，其所行所爲要能質諸天地後世。……權力行使之中，包含道德
責任、法律責任。」政治家之行使權力，要合於法律，要本諸良心，並且所行
所爲，還要計出萬全。必如此，然後可以稱他爲公忠體國的人。〔註168〕

　　自由與權力二者不是兩相對立的，「所謂公民自由，即身體財產不受限制
之謂；信仰自由，即宗教或思想上不受限制之謂；政治自由，即人民有參與
政治之權利。」「既爲人民，須許他參與政治，自由發表意見。各個人發展其
至善，爲國家全體增加力量，而後對外作戰，乃能一致抵禦外侮。」人民負
種種責任，也要享受相當自由。「自對內言之，自由二字之意義，在某種範圍
內，不受政府之干涉。在對外言之，分子之自由發展，即所以謀大團體對外
力量之增加。」〔註169〕

　　張君勱認爲，個人有思想自由，學術思想才會發達；有言論、結社等自
由，才能實現國民良心之所信，而不專以阿諛爲事，然後國民對於政府所爲，
方能出於誠懇坦白的擁護。但「種種自由之所得，要以不妨礙國家對外利益

〔註164〕拉斯基：《政治典範》（一），上海：商務印書館，1930年，第12頁。
〔註165〕張君勱：《賴氏學說概要》，拉斯基：《政治典範》（一），上海：商務印書館，
　　　　　1930年，第12頁。
〔註166〕張君勱：《立國之道》，上海：商務印書館，1947年，第148頁。
〔註167〕張君勱：《立國之道》，上海：商務印書館，1947年，第95頁。
〔註168〕張君勱：《立國之道》，上海：商務印書館，1947年，第96～97頁。
〔註169〕張君勱：《立國之道》，上海：商務印書館，1947年，第97～98頁。

為前提。抗戰期內，各黨各派當然應該停止政爭，以圖一致對外。戰爭以後，當然恢復自由。自由之享有或停止，有一大前提，即以國家利益為斷。」〔註170〕張君勱對自由理念的認識十分深刻到位，對個人自由的把握也呈顯出新自由主義者應有的價值取向，但以不妨礙國家利益作為判斷準則，在戰時的特殊背景下有不得已而為之的相對合理性，若戰後仍以此為判斷依據，在缺乏健全民主政治的中國，反而容易給當權者將其作為干涉個人自由的藉口。

　　《政治典範》譯介完成後，其政治思想發展脈絡一直貫穿著「國家、社會和個人」這一理念。1932 年的重要論文《國家民主政治與國家社會主義》中提出：「一國之成分不外乎三：曰個人，曰社會，曰國家。」「國家握有權力，社會維持公道，個人享有自由是矣」。〔註171〕1935 年的《國家社會主義綱領》中「以民族自覺，社會公道，個人自由三方面為同時之出發點」，「以民族為本位，而同時不妨礙社會公道、個人自由，如義（意）大利然。以社會公道為目標，而同時不妨礙民族發展、個人自由，如蘇俄然。以個人自由為目標，而同時不妨害及社會公道、民族發展，如十九世紀英國之放任政策然。」〔註172〕同年，張君勱在《民主獨裁以外之第三種政治》中提出，國家處在嚴重國難時期，要立國必須做到「政事貴乎敏活切實」，「社會確立平等基礎」，「個人保持個性自由」。「三件之中，有一不備，這個政府就不適宜於解決今後的國難」。〔註173〕到 20 世紀 40 年代《中國民主社會黨》的黨綱中，國家（民族）、社會、個人仍是其關注的重點。「國家的政治求其敏捷與效率高，只在於行政系統是否如身之使臂，臂之使腕」；「為增高政治效率起見，政府權力當然宜於集中；但集中的限度是以行政為界，斷不容侵犯到社會上去，把人民的自由來限制。質言之，我們的意思以為必須做到政權務求其統一，而社會務使其自由，思想務聽其解放。」〔註174〕張君勱晚年的思想也一如從前，強調任何國家均不能離國家、社會、個人三項。1967 年新加坡社會主義演講的第一講便是「國家、社會、個人」。〔註175〕在《中國專制君主政制

〔註170〕張君勱：《立國之道》，上海：商務印書館，1947 年，第 98 頁。
〔註171〕張君勱：《國家民主政治與國家社會主義》（下），《再生》1932 年第 1 卷第 3 期。
〔註172〕張君勱：《國家社會主義綱領》，《再生》1935 年第 3 卷第 1 期。
〔註173〕張君勱：《民主獨裁以外之第三種政治》，《再生》1935 年第 3 卷第 2 期。
〔註174〕張君勱：《立國之道》，上海：商務印書館，1947 年，第 369～370 頁。
〔註175〕參見張君勱：《社會主義思想運動概觀》，臺北：稻鄉出版社，1986 年，第 17 ～22 頁。

評議》中，也將個人權利（人權）、志願團體（社團）和政府（國家）稱爲「政治學之三綱」。〔註176〕國家、社團和個人構成拉斯基《政治典範》的學理系統，也是張君勱立國之道的理論參考。從張君勱的政治實踐和所表述的政治理論來看，拉斯基的學說對張君勱的社會改造主張影響較深，而其中主要的是處理國家、社團和個人三者關係的態度。

小結

　　五四運動前，張君勱及其大部分知識分子對西方文化持毫無保留的整體肯定的態度，他們不僅認同英美等國的民主政治制度，而且還接受了其主導的國際秩序規範，相信英美的國際行爲體現和代表了公理與正義，認爲只要依靠某些主持正義的大國的幫助，中國就可以恢復主權，收復失地，最終擺脫外來壓迫。當「巴黎和會」中國家的利益淪爲大國博弈的對象，反而蘇俄提出廢出對華一切不平等條約的《加拉罕宣言》。〔註177〕蘇俄的這一立場，博得不少自由主義知識分子的好感，張君勱也一度讚賞蘇俄：「由侵略的國家主義而進爲平和的國家主義也，由私產主義而進爲共產主義也，由代議政治而進爲蘇維埃政治也」。〔註178〕但通過對蘇俄的實際考察，加之在德國民主社會主義的影響下，他很快否定了蘇俄模式。德國社會民主黨將議會作爲各種利益的代表，而並非某一階級私人工具，「故於議會之外，規定勞動者會議，凡關於社會政策之法律，政府先諮之此項會議，而此項會議並得提出法案於議會。」張君勱認爲勞動者會議爲憲法所承認，有出席會議陳述意見的權利，是德國處理不同利益群體的一大特色，是「蘇維埃政治與代議政治之調和」。〔註179〕反對武力革命，追求民主憲政是他一貫的立場，因而最終選擇也只能是德國民主社會主義而不是蘇

〔註176〕參見張君勱：《中國專制君主政制評議》，臺北：弘文館，1986年，第552～563頁。

〔註177〕《加拉罕宣言》是指蘇俄外交官列夫·米哈伊洛維奇·加拉罕（Лев Михайлович Карахан）對中國的外交宣言，歷史上有三次著名宣言。這裡指第一次宣言，即1919年7月25日，《加拉罕宣言》宣佈：廢除帝俄與中國、日本、協約國簽訂的一切秘密條約，放棄以前奪取中國的一切領土和中國境內的一切俄國租界，並將沙俄政府和俄國資本家階級從中國奪得的一切，都無償地永久歸還中國，廢除帝俄在中國的領事裁判權和租界，放棄庚子賠款的俄國部分，放棄帝俄在中東鐵路方面的一切特權。

〔註178〕張君勱：《讀六星期之俄國》，《改造》3卷1號，1920年。

〔註179〕張嘉森：《新德國民主政象記》，上海：商務印書館，1922年，第3頁。

俄式的馬列主義。即使是在「聯省自治」、「好人政府」等各種嘗試都遭到失敗，底層社會不斷掀起革命風暴的情況下，張君勱仍然沒有放棄和平改良的主張。故在國共兩黨致力於發動北伐的大革命時，他在八團體國是會議中，仍希望以憲法力挽狂瀾，將社會改造的前景拉回到民主程序和社會主義上來。張君勱的社會主義包括三方面的內容：土地與生產機關公有；公共管理；以利益分配於公眾。基於自由主義的立場，他反對武力革命和一黨獨裁，提倡民主緩進的改良路線，要求充分發展人民的智識水平以提高政治參與能力。從培養民主政治和社會主義的基礎出發，他主張新辦教育，提高國民的知識文化水平；同時普遍推行選舉，使民眾熟悉民主政治的運作程序；並且在國家層面要實行憲政，讓社會秩序的重建工作制度化。提出工商發展與社會倫理相調和、個人自由與社會公道並行不悖的理念，儘管他對個人自由與社會公道，闡述還不夠具體與全面，但社會主義的思想框架已經基本形成。

張君勱雖然在《國是會議憲法草案》中，將突顯社會公道的「生計」列入其中，在 1922 年的《國憲議》中也詳細詮釋了其社會主義主張，但實現政治民主和社會主義的理論構思仍處於探索階段。理論只有落實到制度層面才具有現實意義，同時相關社會改造的措施也要有理論思考才能有先見之明。無論是早期共產主義知識分子，還是主張基爾特社會主義的張東蓀，對於實施社會主義過程中，國家權力如何限制？社會團體如何發展？個人價值如何安頓等一系列深層次問題顯然缺少應有的關注。張君勱雖意識到這一問題的重要性，因忙於「科玄論戰」和組建國立政治大學的工作中，很少有時間進行系統梳理和思考。直到 1927 年北伐軍進入上海，政治大學受到國民黨的查封，暫避租界的張君勱才再度將這一問題納入主要考量範圍。張君勱社會主義思想在理論上的系統化始於借鑒拉斯基的多元主義，譯介其《政治典範》爲張君勱提供了一條瞭解多元國家主義的通道，拉斯基圍繞國家、社團和個人的一系列主張，也成爲張君勱後來建構立國之道的理論參考，並形成以「國家、社會和個人」三元並存的學理框架，這種三元並存的思想格局始終伴隨張君勱其後的思想取向和政治活動。在張君勱社會主義核心理念中，「個人自由」與「社會公道」的提出，顯然也受到拉斯基的影響。張君勱同意拉氏「多元國家」的觀點，認爲國家、社團和個人應是一個國家中並列的「三項」，但並非全盤接受拉斯基的主張，而是結合中國的政治生態和社會發展現狀，對拉氏的理論進行揚棄處理，爲 1930 年代提出「修正的民主政治」以及「國家社會主義」奠定學理基礎。